essentials

Essentials liefern aktuelles Wissen in konzentrierter Form. Die Essenz dessen, worauf es als „State-of-the-Art" in der gegenwärtigen Fachdiskussion oder in der Praxis ankommt. Essentials informieren schnell, unkompliziert und verständlich

- als Einführung in ein aktuelles Thema aus Ihrem Fachgebiet
- als Einstieg in ein für Sie noch unbekanntes Themenfeld
- als Einblick, um zum Thema mitreden zu können.

Die Bücher in elektronischer und gedruckter Form bringen das Expertenwissen von Springer-Fachautoren kompakt zur Darstellung. Sie sind besonders für die Nutzung als eBook auf Tablet-PCs, eBook-Readern und Smartphones geeignet.

Essentials: Wissensbausteine aus Wirtschaft und Gesellschaft, Medizin, Psychologie und Gesundheitsberufen, Technik und Naturwissenschaften. Von renommierten Autoren der Verlagsmarken Springer Gabler, Springer VS, Springer Medizin, Springer Spektrum, Springer Vieweg und Springer Psychologie.

Thomas Clauß

Zulieferererkooperationen

Formen, Zielsetzungen und Governancemechanismen

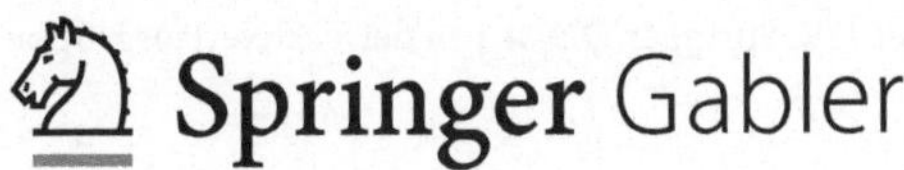

Prof. Dr. Thomas Clauß
Universität Marburg
Deutschland

ISSN 2197-6708 ISSN 2197-6716 (electronic)
ISBN 978-3-658-06111-1 ISBN 978-3-658-06112-8 (eBook)
DOI 10.1007/978-3-658-06112-8

Die Deutsche Nationalbibliothek verzeichnet diese Publikation in der Deutschen Nationalbibliografie; detaillierte bibliografische Daten sind im Internet über http://dnb.d-nb.de abrufbar.

Springer Gabler

Springer Gabler ist eine Marke von Springer DE. Springer DE ist Teil der Fachverlagsgruppe Springer Science+Business Media
www.springer-gabler.de

Vorwort

Die Zusammenarbeit von Zulieferern und Abnehmern hat in der betriebswirtschaftlichen Forschung der jüngeren Vergangenheit deutlich an Bedeutung gewonnen. Dies liegt insbesondere daran, dass neben dem Beschaffungsmanagement und der Logistik auch Forschungsdisziplinen wie das strategische Management, das Marketing und das Innovationsmanagement deren Potenziale erkannt haben. Zulieferer werden als eine Quelle von strategischen, nicht handelbaren Ressourcen angesehen und sind somit wettbewerbsentscheidend.

Dieses Essential stellt wesentliche theoretische Grundlagen der Zusammenarbeit von Zulieferern und industriellen Abnehmern in kompakter Art und Weise dar. Die Inhalte wurden dem 2013 bei Springer Gabler erschienenen Buch *Strategische Zusammenarbeit mit Zulieferern: Empirische Befunde zur Governance im Kontext von Zielsetzung und Beziehung* von Thomas Clauß entnommen und für die separate Veröffentlichung überarbeitet sowie ergänzt. Im Ursprungswerk werden die hier komprimierten Grundlagen in verschiedene komplexe Wirkungsmodelle integriert und in mehreren empirischen Studien getestet. Zudem wird eine bibliometrische Studie durchgeführt, die Aufschluss über Herkunft und Entwicklung besagten Forschungsfeldes liefert. An dieser Stelle wird auf die Herleitung komplexer Ursache-Wirkungs-Beziehungen zugunsten einer strukturierten Übersicht von Formen, Zielsetzungen und Governanceansätzen verzichtet.

Dieser Überblick kann Wissenschaftlern einen Einstieg in die Thematik geben und relevante Konstrukte sowie Fragen für eigene Forschungsprojekte aufwerfen. Praktiker erhalten einen Einblick in die Potenziale und Gestaltungsmöglichkeiten der Zusammenarbeit mit Zulieferern. Ich wünsche allen Lesern viel Vergnügen und wertvolle Erkenntnisse über das Management von Zuliefererkooperationen.

Prof. Dr. Thomas Clauß

Inhaltsverzeichnis

Einleitung

1

Zuliefererkooperationen gewinnen in der heutigen Zeit in Unternehmenspraxis und wissenschaftlicher Forschung weiterhin an Bedeutung. Der Grund dafür ist, dass in der Zusammenarbeit durch den Austausch relevanter Ressourcen Wettbewerbsvorteile für beide Partner geschaffen werden können.[1] Im Rahmen dessen werden im Wesentlichen gemeinsame Effizienz- und Effektivitätssteigerungen realisiert. Zum einen können industrielle Abnehmer in Kooperationen ihre eigene Leistungstiefe reduzieren, um sich auf Kernkompetenzen zu fokussieren.[2] Allen voran kann hierfür die Automobilindustrie angeführt werden, in der durchschnittlich nur noch ca. 25 % der Wertschöpfung bei den Original Equipment Manufacturern (OEM) entsteht, während die verbleibenden 75 % von spezialisierten Zulieferern beigesteuert werden. Zum anderen können Kooperationen der gemeinsamen Wertgenerierung (z. B. Innovationen) dienen, indem wechselseitige Kompetenzen und Wissensbasen integriert werden.[3]

Während die erheblichen Potenziale grundsätzlich für Zuliefererkooperationen sprechen, belegen Studien jedoch auch die negativen Effekte, die sich aus einer zu hohen Abhängigkeit von Zulieferern oder schlecht organisierten Interaktionsprozessen ergeben können.[4] Aus diesem Grund werden spezifische Ansätze zur Koordination sowie zur Prävention von Opportunismus notwendig, um gemeinsame Erfolge sicherzustellen.[5]

---

[1] Vgl. Dyer und Singh (1998).

[2] Vgl. Völker und Neu (2008).

[3] Vgl. Clauß (2012).

[4] Vgl. Anderson und Jap (2005).

[5] Vgl. Hoetker und Mellewigt (2009).

T. Clauß, *Zuliefererkooperationen*, essentials,
DOI 10.1007/978-3-658-06112-8_1, © Springer Fachmedien Wiesbaden 2014

Aufgrund des hohen Interesses, der gleichzeitig interdisziplinären Bedeutung der Kooperation (Marketing, Innovation, Strategisches Management, Supply Chain Management und Logistik etc.) sowie der Vielfalt theoretischer Grundlagen (Transaktionskostentheorie, Soziale Interaktionstheorie, Spieltheorie etc.) wird ein einheitliches Verständnis behindert. Dies umfasst mögliche Kooperationsformen, mögliche Zielsetzungen und Ansätze zur Governance interorganisationaler Zusammenarbeit gleichermaßen. Der vorliegende Beitrag nimmt daher eine begriffliche Einordnung und Abgrenzung der Zuliefererkooperation vor. Zudem werden wesentliche Zielsetzungen und Ansätze zur Governance aufgezeigt und vor dem Hintergrund aktueller Literatur abgegrenzt. Der Beitrag schließt mit einem integrierten Überblick der Kernerkenntnisse.

2.1 Formen und Merkmale betrieblicher Kooperation

Die wissenschaftliche Literatur im Bereich der interorganisationalen Zusammenarbeit ist gekennzeichnet durch eine hohe Begriffsvielfalt. Teilweise ergibt sich diese durch unterschiedliche, jedoch im Kern synonyme Begriffe, teilweise bestehen jedoch bedeutsame Unterschiede der konstitutiven Merkmale alternativer Formen betrieblicher Kooperation. Um eine einheitliche Sichtweise zu erlangen, erfolgt zunächst eine kurze begriffliche Abgrenzung der Zuliefererkooperation im Vergleich zu anderen Kooperationsformen.

Es besteht eine Vielzahl unterschiedlicher und teilweise synonymer Begrifflichkeiten, die eine interorganisationale Zusammenarbeit beschreiben. Neben einfachen *Kooperationen* werden insbesondere aus einer strategischen Perspektive regelmäßig Begriffe wie *Joint Ventures, Strategische Allianzen* und *Wertschöpfungspartnerschaften* genannt.[1] Da Unternehmen nicht alle Leistungserstellungsprozesse in effektiver und effizienter Form selbst ausführen können, sondern einzelne Aktivitäten in arbeitsteiligen Prozessen an spezialisierte Partner delegieren, werden Leistungsübertragungen zwischen Unternehmen notwendig. Die Kooperation wird von Unternehmen eingesetzt, um externe Wertschöpfungsaktivitäten in das eigene Unternehmen zu integrieren.[2] Allgemein wurde Kooperation zwischen Unternehmen definiert als „die auf stillschweigender oder vertraglicher Vereinbarung beruhende Zusammenarbeit zwischen rechtlich und wirtschaftlich selbstständi-

---

[1] Vgl. Sydow (1992). Eine synoptische Übersicht verschiedener langfristiger und kurzfristiger Kooperationsformen liefern Braßler und Grau (2005).

[2] Vgl. Dyer und Singh (1998).

T. Clauß, *Zuliefererkooperationen*, essentials,
DOI 10.1007/978-3-658-06112-8_2, © Springer Fachmedien Wiesbaden 2014

gen Unternehmen durch Funktionsabstimmung oder Funktionsgliederung und -übertragung auf einen Kooperationspartner im wirtschaftlichen Bereich"[3].

Diese Definition stellt heraus, dass zwar eine Vereinbarung über die Zusammenarbeit besteht, die Partner jedoch ihre rechtliche *Selbstständigkeit* beibehalten. Somit sind Kooperationen grundsätzlich von sogenannten *Joint Ventures* abzugrenzen, in welchen Unternehmen ihre rechtliche Selbstständigkeit aufgeben.[4] Die Wahrung der wirtschaftlichen Selbstständigkeit bedeutet nicht, dass keine gemeinsamen wirtschaftlichen Interessen verfolgt werden und der wirtschaftliche Erfolg zweier Unternehmen vollständig entkoppelt ist. Vielmehr erfolgt eine gemeinsame Wertschöpfung, in der die Ergebnisverantwortung jedoch beim einzelnen Partner liegt.[5] Die tatsächliche Selbstständigkeit wird beeinflusst von der Intensität der Kooperation, welche sich aus dem Zeithorizont und dem Formalisierungsgrad ergibt.

Der *Zeithorizont* kann von kurzfristigen (zumeist auf ein gemeinsames Projekt beschränkt) bis zu langfristigen (mehrere Jahre oder zeitlich unbegrenzt) Kooperationen reichen. Die Dauer spiegelt in der Regel die strategische Zielsetzung der Zusammenarbeit wider. Während kurzfristige Kooperationen tendenziell operativen Zielsetzungen folgen, verfolgen langfristige Kooperationen oft den gemeinsamen Aufbau von strategischen Wettbewerbsvorteilen.[6]

Der *Formalisierungsgrad* gibt Aufschluss darüber, wie viele Freiheitsgrade die Kooperationspartner haben und wie einfach es ist, die Kooperation aufzulösen. Während eine detaillierte Kodifizierung von Rahmenbedingungen einen hohen Formalisierungsgrad darstellt, können Kooperationsvereinbarungen alternativ auch nur Spielregeln festlegen oder auf rein mündlicher Basis erfolgen. Durch vertragliche Regelungen schränken die Partner ihre wirtschaftliche Zusammenarbeit teilweise freiwillig ein.[7]

---

[3] Rotering (1990, S. 41). Siehe für eine Gegenüberstellung verschiedener Definitionen des Begriffs Kooperation Rupprecht-Däullary (1994). In der englischsprachigen Literatur wird häufig der Begriff der „Collaboration" anstatt der „Cooperation" verwendet. Dillenbourg et al. (1995) schlagen eine inhaltliche Abgrenzung der Begriffe vor. Während Kooperation bedeutet, dass jeder Partner in Eigenverantwortung dem gemeinsamen Ziel zuarbeitet, wird in der Kollaboration die wechselseitige Ergänzung und Koordination von Aktivitäten in Bezug auf eine gemeinsame Problemlösung verstanden. Da eine derartige saubere Trennung der beiden Begriffe meist nicht vorgenommen wird, werden diese nachfolgend synonym betrachtet.

[4] Vgl. Balling (1998).

[5] Vgl. Balling (1998).

[6] Vgl. Braßler und Grau (2005).

[7] Vgl. Balling (1998).

Als weiteres konstitutives Merkmal gilt die *gemeinsame Durchführung und Koordination von Aufgaben*. Diese umfasst, dass individuelle Leistungen so aufeinander abgestimmt werden, dass eine gemeinsame Wertschöpfung ermöglicht wird. Insbesondere für komplexe gemeinsame Aufgaben (z. B. Innovationsprojekte), stellt die Koordination und Integration der individuellen Beiträge der Partner eine wesentliche Herausforderung dar.[8] Beispielsweise müssen relevante Informationen über Fortschritte, Anforderungen etc. rechtzeitig an Kooperationspartner kommuniziert werden, um Verzögerungen zu verhindern und Doppelarbeiten zu vermeiden. Zur Umsetzung der Koordination sind Mechanismen notwendig, die die Zusammenarbeit in Bezug auf die Kooperationsziele abstimmen.[9]

Im Anwendungskontext des strategischen Managements wird häufig nicht der Begriff der Kooperation verwendet, sondern von *strategischen Allianzen* oder *Partnerschaften* gesprochen.[10] Diese Kooperationsformen akzentuieren die gemeinsame Schaffung von Werten innerhalb der Zusammenarbeit. Strategische Allianzen sind langfristige, zielgerichtete Kooperationen, in denen Organisationen Ressourcen und Wissen in der gemeinsamen Leistungserstellung kombinieren, um besser mit Unsicherheit aus der Umwelt zurechtzukommen und Wettbewerbsvorteile zu realisieren. Der Fokus liegt in der Nutzung komplementärer Stärken von Kooperationspartnern, um gemeinsam Ergebnisse zu realisieren, die der einzelne mit seinen materiellen und immateriellen Ressourcen nicht realisieren könnte.[11]

Nach Braßler und Grau (2005) stellt insbesondere die *Langfristigkeit der Zusammenarbeit* ein wesentliches Merkmal der strategischen Allianz dar, da zumeist nicht eine konkrete Leistungserstellung das Ziel der Zusammenarbeit ist, sondern die nachhaltige Optimierung und Stabilisierung der Wertschöpfungsprozesse. Strategische Allianzen sind somit inhaltlich flexible Formen der Kooperation und decken ein breites Leistungsspektrum ab.

Ein wesentliches Merkmal strategischer Allianzen gegenüber weiteren Kooperationsformen ist, dass diese notwendigerweise auf *Wechselseitigkeit* beruhen müssen und sich somit von einfachen sporadischen Transaktionen (z. B. einzelnen Beschaffungsvorgängen) grundsätzlich unterscheiden.[12] Strategische Allianzen können

---

[8] Vgl. Park und Ungson (2001).

[9] Vgl. Hoetker und Mellewigt (2009).

[10] Vgl. Rupprecht-Däullary (1994). Sie stellt fest, dass insbesondere in der angelsächsischen Literatur der Begriff der Kooperationen in der betriebswirtschaftlichen Literatur nur selten Verwendung findet.

[11] Vgl. Sydow (1992).

[12] Vgl. Gulati (1998); Mayer und Teece (2008).

prinzipiell zwischen allen wirtschaftlichen Akteuren stattfinden.[13] Sie beinhalten beispielsweise Lieferanten-Käufer-Partnerschaften, Outsourcing-Vereinbarungen, gemeinsame Forschungs- und Entwicklungsprojekte, gemeinsame Produktion etc.[14]

Grundsätzlich kann interorganisationale Kooperation zwischen Unternehmen auf allen Wertschöpfungsstufen und/oder aus unterschiedlichen Branchen stattfinden. Abhängig davon, welche Akteure kooperieren, werden *vertikale, horizontale* und *laterale* Kooperationen unterschieden. Von vertikalen Kooperationen ist die Rede, wenn aufeinanderfolgende Wertschöpfungsstufen zusammenarbeiten. Horizontale Kooperationen liegen vor, wenn potenzielle Wettbewerber auf der gleichen Wertschöpfungsstufe zusammenarbeiten. Laterale Kooperationen treten zwischen Unternehmen ohne branchenbezogene Überschneidungen auf.[15]

Zusammenfassend kann festgehalten werden, dass der Begriff der Kooperation zwei oder mehr Unternehmen mit dem Ziel der gemeinsamen, arbeitsteiligen Leistungserstellung verbindet. Während die rechtliche Selbstständigkeit erhalten bleibt, ist es dennoch entscheidend, dass die Unternehmen durch verbindliche Mechanismen miteinander verbunden sind. Die Art und Ausgestaltung dieser Mechanismen ist zunächst noch nicht näher zu bestimmen. Diese sollte jedoch ausreichen, um die gemeinsame Leistungserstellung der Akteure zu gewährleisten.

2.2   Merkmale und Ausprägungen vertikaler Kooperation

Nach allgemeiner Abgrenzung des Kooperationsbegriffs wird im Weiteren die vertikale Zusammenarbeit mit Zulieferern vertiefend betrachtet. Hierzu wird zunächst auf die konstitutiven Merkmale vertikaler Zusammenarbeit eingegangen, um dann die spezifischen Anforderungen an eine Kooperation bzw. Partnerschaft zu beleuchten. Zudem werden abschließend Beziehungen beschrieben, die sich jenseits der organisatorischen Ausgestaltung durch mehrfache Interaktion zwischen den Akteuren etablieren können.

---

[13] Vgl. Sydow (1992).

[14] Vgl. Grant und Baden-Fuller (2004).

[15] Vgl. zu horizontaler und lateraler Kooperation Balling (1998). Im Zusammenhang mit horizontaler Kooperation wird aufgrund des existierenden Spannungsfeldes zwischen Kooperation und Wettbewerb (Competition) auch der zusammengesetzte Ausdruck der Coopetition gebraucht.

In der *vertikalen Zusammenarbeit* interagieren Unternehmen aufeinander folgender Wertschöpfungsstufen. Daher wird hierfür im neueren Sprachgebrauch auch der Begriff der *Supply-Chain-Zusammenarbeit*[16] verwendet, welcher jedoch im Folgenden als synonym anzusehen ist. Jedes Unternehmen deckt bestimmte Leistungsbereiche in der Produkterstellung ab, die sich sukzessive zu einem Gesamtprodukt ergänzen. Die einzelnen Akteure können sich auf einen Teilschritt der Leistungserstellung entsprechend der eigenen Kernkompetenz konzentrieren.[17] Wertschöpfungsprozesse zur Erstellung komplexer Produkte sind in der Regel durch eine hohe Arbeitsteilung gekennzeichnet, wobei die spezialisierten Produkte vorgelagerter Unternehmen in die Leistungsherstellung von Unternehmen auf nachfolgenden Wertschöpfungsstufen integriert werden.[18]

Um eine gemeinsame Wertschöpfung zu initiieren, wird häufig eine Abstimmung der Aktivitäten mehrerer aufeinanderfolgender Partner in einer ganzheitlichen Wertschöpfungskettenbetrachtung vorgenommen. Harland (1996) grenzt zwei grundsätzliche Analyseeinheiten in der vertikalen Zusammenarbeit ab: 1) Das *Management der dyadischen Beziehung*: Dieses betrachtet die konkrete Ausgestaltung der langfristigen Zusammenarbeit zwischen zwei spezifischen aufeinanderfolgenden Wertschöpfungspartnern. 2) Das *Management der Wertschöpfungskette*: Dieses zielt auf eine Abstimmung der Einzelaktivitäten vom Rohstofflieferanten bis zum Endkonsumenten ab. Insbesondere wird versucht, die von nachgelagerten Stufen ausgehenden Nachfrageschwankungen auszugleichen, um einen kontinuierlichen Strom von Gütern und Dienstleistungen zu gewährleisten. Während eine ganzheitliche Betrachtung der Wertschöpfungskette Erklärungsbeiträge für die Effizienz interorganisationaler Leistungserstellung liefern kann, erlaubt sie jedoch keine detaillierte Betrachtung der Zusammenarbeit zwischen einzelnen Akteuren.

In der vertikalen Zusammenarbeit können *unterschiedlichste Inhalte* die Grundlage der Austauschbeziehung darstellen. Croom et al. (2000) unterscheiden zwischen materiellen Ressourcen, Informationen, Wissen und sozialen Elementen. Diese können die Basis für wechselseitige Lernprozesse und die Kombination komplementärer Kompetenzen sein.[19] Der Ansatz grenzt die vertikale Zusammenarbeit von einer einfachen Beschaffung von im Leistungserstellungsprozess benötigten Produktionsfaktoren und Vorprodukten ab, die ausschließlich den materiellen Ressourcen zuzurechnen sind.

---

[16] Vgl. Magnus et al. (2008).

[17] Vgl. Völker und Neu (2008).

[18] Vgl. Pfaffmann (2001).

[19] Vgl. Rindfleisch und Moorman (2001).

Die vertikale Zusammenarbeit ist im Vergleich zu horizontalen Kooperationen durch Unterschiede in der *Wettbewerbssituation* und der *Wissensverteilung zwischen den Akteuren* gekennzeichnet. Aufgrund der geringen Konkurrenz zwischen Partnern auf unterschiedlichen Wertschöpfungsstufen reduziert sich das Risiko, dass Wissen, welches in der Zusammenarbeit übertragen wird, zu Wettbewerbsnachteilen führt. Daher ist die Gefahr von organisationalen Konflikten in der vertikalen Zusammenarbeit vergleichsweise gering. Demnach ist das organisationale Vertrauen in der vertikalen Zusammenarbeit generell höher, als in der horizontalen. Somit bietet diese Form eine gute Grundlage zur Gewährung eines reduzierten Formalisierungsgrads der wechselseitigen Prozesse.

Die vertikale Zusammenarbeit stellt eine geeignete Plattform zum *Aufbau langfristiger, loyaler Beziehungen* dar.[20] Mayer und Teece (2008) zeigen, dass in der vertikalen Zusammenarbeit eine geringere Formalisierung gemeinsamer Austauschprozesse für technisches Wissen oder Fähigkeiten sowie zur Konfliktlösung benötigt wird als in bspw. horizontalen Allianzen. Zusätzlich verfügen Partner verschiedener Wertschöpfungsstufen über unterschiedliche Kompetenzen und weisen eine geringe Überlappung der Wissensstrukturen auf.[21] Durch die geringere Redundanz der Wissensbasen im Vergleich zu horizontalen Kooperationen ergeben sich Chancen zum wechselseitigen Lernen. Daher ist es für die Akteure unter gewissen Bedingungen lohnenswert, eine stärkere interfunktionale Abstimmung und Aufteilung der Verantwortlichkeiten vorzunehmen.

Aufgrund der beschriebenen Charakteristika vertikaler Zusammenarbeit stellt diese grundsätzlich einen geeigneten Rahmen zur *Kooperation* und zur Bildung von *Partnerschaften* dar. Somit kann die Zusammenarbeit zwischen Zulieferern und Abnehmern wechselseitig, bezogen auf die gemeinsame Zielsetzung, gestaltet werden: „(Cooperation) is a departure from the anchor point of discreteness which underlies spot market transactions to a relational exchange, as the roles of supplier and buyer are no longer narrowly defined in terms of the simple transfer of ownership of products. (It) appears as enterprises recognise cases where working and operating alone is not sufficient to resolve common problems and to achieve the desired goals."[22] Kooperative Zusammenarbeit zwischen Zulieferer und Abnehmer ist somit abzugrenzen von einer klassischen Transaktion auf Armlänge („arm's length approach"), in der die Übertragung von Produkten und Services im Fokus steht.[23]

---

[20] Vgl. Achrol (1997).

[21] Vgl. Rindfleisch und Moorman (2001).

[22] Matopoulos et al. (2007, S. 178).

[23] Vgl. Johnston et al. (2004).

Johnston et al. (2004) identifizieren drei Grundelemente kooperativer, vertikaler Zusammenarbeit: 1) die gemeinsame Verantwortung für strategische Entscheidungen, 2) die gemeinsame Planung relevanter Vorhaben inklusive aktiver Information des Partners über eigene Pläne (Kapazitätsänderungen, Produktmodifikationen) und 3) die Bereitschaft zu flexiblen Anpassungen der Vereinbarungen, wenn exogene Änderungen dies erforderlich werden lassen.

Mit besonderer Betonung der strategischen Potenziale zur Schaffung einer beidseitigen Win-Win-Situation werden Kooperationen zunehmend auch als *Partnerschaften* beschrieben.[24] Tan et al. (2002) fassen diese als neue Managementphilosophie auf, die industrielle Abnehmer in die Lage versetzt, Prozesse, Technologien und Kompetenzen eines oder weniger strategischer Zulieferer zur Stärkung der eigenen Wettbewerbsposition zu nutzen und in gemeinsame Produktions-, Logistik- und Materialflussprozesse zu integrieren.

Für das Vorliegen einer Partnerschaft sollten nach Sobrero und Roberts (2002) insbesondere die Ziele und Strategien der Partner im Einklang sein.[25] Groves und Valsamakis (1998) charakterisieren Partnerschaften anhand sechs konstitutiver Merkmale: 1) *Ganzheitliche Evaluation*: Partner werden nach ihrer ganzheitlichen Leistungsfähigkeit zur gemeinsamen Erzielung von Wettbewerbsvorteilen selektiert (z. B. gesamte Akquisitionskosten, Qualitätserwartung, technologische Kompetenz, Ausstattung mit Humanressourcen). Die Evaluation umfasst dabei alle Potenziale über den Lebenszyklus einer langfristigen Zusammenarbeit. 2) *Gemeinsame Entwicklung*: Partner werden frühzeitig in die Neuproduktentwicklung eingebunden. Dies umfasst die Abstimmung von Produktions- und Logistikprozessen sowie die Übertragung von gestalterischer Autonomie an den Zulieferer. 3) *Gemeinsame Qualitätsverantwortung*: Die Qualitätssicherung einer Partnerschaft geht über die Wareneingangskontrolle hinaus. Partner werden nicht auf Basis einzelner Produkte, sondern nach der Qualität der Beziehung bewertet. Der Fokus einer partnerschaftlichen Sichtweise liegt darin, Problemfelder bei Produkten und Prozessen aufzudecken und gemeinsam zu optimieren. 4) *Intensiver Informationsaustausch*: Partner pflegen einen intensiven und aktuellen Informationsaustausch bezüglich aller relevanten Kennzahlen der gemeinsamen Leistungserstellung. Wesentlich ist, dass nicht nur die Einkaufsabteilung diese Kommunikation durchführt, sondern sich in der Zusammenarbeit multifunktionale Ressorts in der Interaktion regelmäßig austauschen. Aufgrund der langfristigen Ausrichtung von Partnerschaften werden ressourcenintensive Investitionen und damit einhergehende Amortisationsrisiken legitimiert. 5) *Optimierte Prozesse*: In Partnerschaften wird

---

[24] Vgl. Harland (1996).

[25] Vgl. Sobrero und Roberts (2002).

der Nutzen der langfristigen Zusammenarbeit den notwendigen Investitionen in die gemeinsamen Prozesse gegenübergestellt. Daher rechtfertigen Partnerschaften wechselseitige Investitionen in Informationssysteme, Produktionsanbindung oder die Logistik. 6) *Gemeinsame Ziele*: Partnerschaften zielen auf die gemeinsame Generierung von Wettbewerbsvorteilen. Ein kontinuierlicher, von beiden Partnern gleichermaßen initiierter Verbesserungsprozess der Zusammenarbeit in Bezug auf Interaktion und Kommunikation steht somit im Vordergrund. Dadurch werden einzigartige, von Wettbewerbern nicht imitierbare, beziehungsspezifische Kompetenzen aufgebaut.[26]

Neben den oben beschriebenen inhaltlichen Merkmalen wie einem offenen Informationsaustausch und der Beteiligung von Partnern an der Entscheidungsfindung, werden im Zuge intensiver Zusammenarbeit zunehmend *informelle und soziale Aspekte* zwischen den Partnern als bedeutsam für die Zusammenarbeit beschrieben. Hoegl und Wagner (2005) sehen insbesondere eine kooperative Atmosphäre zwischen den Akteuren als Merkmal von Kooperationen und Partnerschaften an. Gegenseitiger Respekt, ein positiver Umgangston und wechselseitige Hilfsbereitschaft fördern den Austausch von Ideen und die gemeinsame Problemlösung. Ergänzend kann Fairness bezüglich der Aufteilung gemeinsamer Ergebnisse als wesentlich angesehen werden.[27] In der Literatur wird demnach zunehmend der Begriff der *Zulieferer-Abnehmer-Beziehung* (Buyer-Supplier-Relationship) verwendet.[28] Der Begriff der Beziehung verdeutlicht, dass Unternehmen neben den strukturellen Spezifika der Interaktion über soziale und implizite Mechanismen („relationship connectors") miteinander verbunden sind.[29] Diese Perspektive stellt nicht die ökonomischen Transaktionen zwischen unabhängigen Akteuren, sondern die wechselseitig etablierten Verhaltensweisen, Umgangsformen sowie die gegenseitige Wahrnehmung in den Fokus.[30] Da in der vertikalen Zusammenarbeit in der Regel kein Wettbewerb zwischen den Akteuren herrscht, ist diese in besonderem Maße für die Bildung *informeller Beziehungen* geeignet und stellt demnach auch gesonderte Anforderungen an das Management. Christopher (1998) führt an: „(. . .)

---

[26] Vgl. Dyer und Singh (1998).

[27] Vgl. Matopoulos et al. (2007).

[28] Vgl. u. a. Tangpong et al. (2008, 2010).

[29] Vgl. Cannon und Perreault Jr. (1999).

[30] Vgl. Morgan und Hunt (1994); Ravald und Grönroos (1996). Dwyer et al. (1987) liefern eine umfassende tabellarische Abgrenzung von diskreten Transaktionen und Beziehungen zwischen Unternehmen. Für eine umfassende Diskussion verschiedener gewählter Spezifikationen des Beziehungsbegriffs in der Literatur vgl. Blocker et al. (2012).

the focus of supply chain management is upon the management of relationships in order to achieve a more valuable outcome for all parties in the chain"[31].

Beziehungen beschreiben keine starre Form der Zusammenarbeit, sondern formieren sich durch die Interaktion und Adaption der Akteure. Sie sind abhängig von den vergangenen Erfahrungen und zukünftigen Erwartungen der Partner. Im Zuge mehrerer Phasen entwickeln Akteure in der vertikalen Zusammenarbeit eine Beziehung, indem durch wiederholte Interaktion sowohl ein Verständnis für den Partner als auch eine reliable Einschätzung der Leistungsfähigkeit der Zusammenarbeit ermöglicht werden. Die wechselseitige Investition von materiellen und immateriellen Ressourcen bildet die Grundlage der Leistungsfähigkeit der Beziehung als Einheit und schafft eine Abhängigkeit zwischen den Akteuren. Die positive Erwartungshaltung der Partner sowie die geschaffene Abhängigkeit lösen selbstverstärkende Effekte auf die industrielle Beziehung aus.[32]

Um der Bedeutung der wechselseitigen Leistungserstellung Rechnung zu tragen, wird vertikale Zusammenarbeit hier auf die wertschöpfungsbezogene, strategische Beschaffung beschränkt. Weitere vertikale Prozesse, wie die einfache Lieferung von Verbrauchsgütern (Büromaterial, Normteile, Betriebsstoffe etc.), werden hingegen nicht betrachtet, da sie keine kooperative Zusammenarbeit erfordern. Diese Eingrenzung bedeutet jedoch nicht, dass vertikale Kooperationen grundsätzlich mit Partnerschaften gleichzusetzen sind, da auch Prozesse mit strategischer Bedeutung bzgl. des Ausmaßes der funktionalen Integration variieren können. Für die nachfolgende Betrachtung wird daher die folgende Arbeitsdefinition der vertikalen Kooperation zugrunde gelegt:

Vertikale Kooperation bezeichnet die gemeinsame Leistungserstellung zwischen zwei rechtlich und wirtschaftlich selbständigen Partnern, aufeinander folgender Wertschöpfungsstufen. Sie umfasst neben der organisationalen Ausgestaltung auch die zwischen den Akteuren entstehende Beziehung.

---

[31] Christopher (1998, S. 18).

[32] Vgl. Dwyer et al. (1987).

Ziele vertikaler Kooperation   3

Die Ziele der Kooperation mit Zulieferern können grundsätzlich sehr heterogener Natur sein. Matopoulos et al. (2007) beispielsweise subsumieren darunter zahlreiche potenzielle Vorteile für die Wettbewerbsfähigkeit, die sich über verschiedene Funktionsbereiche des Abnehmerunternehmens erstrecken (vgl. Tab. 3.1).

Die einschlägige Literatur legt im Vergleich zu diesem grundsätzlichen Erfolgspostulat eine wesentlich differenziertere Sichtweise zugrunde, da eine vertikale Kooperation nicht automatisch zur Verbesserung der gesamten Wertschöpfung eines Unternehmens beiträgt und zusätzlich, je nach Art der Kooperation, gewisse Ziele im Vergleich zu anderen stärker verfolgt werden.

In der wissenschaftlichen Literatur lässt sich eine Dichotomie zweier wesentlicher Zieltypen identifizieren: *Effizienzziele* und *Effektivitätsziele*: Dyer (1997) differenziert zwei grundsätzliche strategische Stoßrichtungen von SC-Kooperationen: Kostendegression und Wertsteigerung. Wagner und Hoegl (2006) klassifizieren zwei grundsätzliche Projekttypen der Zulieferereinbindung nach Kapazitätsprojekten und Know-how-Projekten. Handfield et al. (1999) trennen in ihrer Untersuchung ebenfalls verschiedene Zielsetzungen der Zusammenarbeit mit Lieferanten. Während einfache Bauteile zu möglichst günstigen Kosten von sogenannten Commodity-Zulieferern bereitgestellt werden müssen, werden erweiterte Anforderungen an Partner für eine gemeinsame Neuproduktentwicklung gestellt. Tangpong et al. (2008) stellen in ihrer Untersuchung fest, dass verschiedene Typologien von Beziehungen zwischen Wertschöpfungspartnern sich insbesondere in Bezug auf operative Effizienz und Innovativität unterscheiden. Während Zeit, Kosten und Qualität als klassische Prozessindikatoren gelten, stellen Kreativität, wechselseitiges Lernen und Innovativität Kriterien strategischer Partnerschaften dar. Möller und Törrönen (2003) sehen in der vertikalen Zusammenarbeit drei spezifische Funktionen der Wertschöpfung. Kooperationen mit Zulieferern können zu Effizienzgewinnen (bzgl. Preisen, Volumen und Kosten), zu Effektivitätsgewinnen

T. Clauß, *Zuliefererkooperationen*, essentials,   13
DOI 10.1007/978-3-658-06112-8_3, © Springer Fachmedien Wiesbaden 2014

Tab. 3.1 Organisationale Vorteile durch Supply-Chain-Kooperation. (In Anlehnung an Matopoulos et al. 2007, S. 179)

Supply-Chain-Aktivität	Vorteile durch Kooperation
Beschaffung	Reduzierung der Dauer für die Suche nach neuen Zulieferern
	Einfaches Management eines reduzierten Lieferantenportfolios
	Stabile Beschaffungspreise
Bestandsmanagement	Geringere Lagerhaltung
	Höherer Kapitaleinsatz
Produktgestaltung und Neuproduktmanagement	Schnellere Produktentwicklung
	Gesteigerter Wissensaustausch und Innovationskapazität
	Höherer Qualität durch Abstimmung von Funktionskonzepten
Produktion und Produktionsplanung	Verbesserte Produktqualität
	Minimierung von Versorgungsengpässen
Auftragsabwicklung	Schnellere Reaktionszeit
Distribution	Schnellere Lieferung
	Flexible Lieferung
Vertrieb	Schneller Markteintritt
	Höhere Marktanteile
	Verbesserte Vermarktung
Nachfragemanagement	Bessere Vorhersagen
	Gemeinsame Lösung von Schwankungen
Kundenservice	Verbesserte Produktverfügbarkeit
	Verbesserte Durchlaufzeit

(bzgl. Innovationsgenerierung) und Verbundeffekten (bzgl. Ressourcenzugang und Informationszugang) führen, die zumeist in der gemeinsamen Leistungserstellung wirksam werden. Tabelle 3.2 fasst diese jeweiligen Zieldichotomien überblicksartig zusammen.

Im Supply Chain Management stellen traditionell beschaffungsbezogene *Effizienzziele* das primäre Erfolgskriterium dar. Effizienz bedeutet, dass bestehende Ressourcen und Prozesse im Hinblick auf ihr Kosten-Nutzen-Verhältnis optimiert werden.[1] Effizienzziele sind operative Zielsetzungen, die kurzfristig und prozess- oder projektbezogen verfolgt werden. Effizienz steht in direktem Bezug zu Einsparungen von Transaktions- und Produktionskosten.[2] Da Effizienzziele sich auf

---

[1] Vgl. Möller und Törrönen (2003).

[2] Vgl. Beamon (1999).

Tab. 3.2 Dichotome Zielsetzungen in der Literatur

Studie	Effizienzziele	Effektivitätsziele
Dyer (1997)	Kostendegression	Wertsteigerung
Wagner und Hoegl (2006)	Kapazitätsausweitung	Know-how-Generierung
Handfield et al. (1999)	Effiziente Lieferung (Commodity)	Neuproduktentwicklung
Tangpong et al. (2008)	Zeit, Kosten, Qualität	Kreativität, Lernen, Innovation
Möller und Törrönen (2003)	Preise, Volumen und Kosten	Innovationsgenerierung
	Verbundeffekte durch Ressourcen und Informationszugang	

existierende Produkte und Prozesse beziehen, sind sie mit geringem wechselseitigen Adaptionsaufwand bei den Akteuren verbunden.[3] Sie sind meist eindeutig zurechenbar und kodifizierbar.

Gunasekaran et al. (2001) systematisieren Erfolgskennzahlen der vertikalen Zusammenarbeit. Das von ihnen entwickelte Kennzahlensystem wird dominiert von deskriptiven Merkmalen, die neben finanziellen Parametern (Return on Invest, Transportkosten, Herstellkosten, Informationskosten und Kosten der Lagerhaltung) insbesondere zeitliche Parameter (Amortisationszeit, Lieferzeit, Durchlaufzeit und Entwicklungszeit) sowie die Produktqualität (Qualitätsniveau, Anzahl Fehlerteile, Zuverlässigkeit etc.) umfassen. Möller und Törrönen (2003) führen die Effizienz von Zulieferer-Abnehmer-Beziehungen auf drei direkte Funktionen zurück: 1) Die *Profitfunktion* beschreibt die Fähigkeit des Zulieferers, durch Kostensenkungen die Beschaffungspreise standardisierter Produkte dauerhaft zu senken. 2) Die *Volumenfunktion* umfasst das Ziel, die Versorgung der Lieferteile rechtzeitig in hinreichender Qualität und Menge zu gewährleisten. 3) Die *Absicherungsfunktion* bedeutet, dass effiziente Prozesse dauerhaft so durchgeführt werden, dass produktionsrelevante Beschaffungsgüter in den Abnehmerprozess integriert werden können. Sie umfasst daher eine reibungslose Prozessgestaltung und die Gewährleistung gleichbleibend hoher Qualität. Zusammenfassend können Effizienzziele vertikaler Kooperationen unter Aspekten der *Kosten*, *Zeit* und *Qualität* von gemeinsamen Prozessen subsumiert werden.

Die *Effektivität* der vertikalen Zusammenarbeit wurde erst in jüngeren Untersuchungen mit klar strategischem Fokus in den Betrachtungskontext eingeführt. Effektivität stellt die Fähigkeit der Akteure dar, in der Zusammenarbeit Probleme zu lösen, Produkte und Prozesse zu entwickeln und Wettbewerbsvorteile zu gene-

---

[3] Vgl. Möller und Törrönen (2003).

rieren.[4] Strategische Ziele sind solche Ziele, die verfolgt werden, um die Strategie des Unternehmens umzusetzen und das Unternehmen (Ressourcen, Wissensbasis, Produktportfolio etc.) weiterzuentwickeln. Sie richten sich an den zukünftigen Anforderungen von Kunden und Stakeholdern aus und sind demnach langfristig angelegt.

Hult et al. (2007) argumentieren, dass das Supply Chain Management deshalb eine erhebliche strategische Bedeutung für Unternehmen hat, weil die Funktion der Wertschöpfungskette nicht primär in der Lieferung von Produkten und/oder Rohstoffen zu sehen ist. Wertschöpfungsketten stellen vielmehr ein strategisches Werkzeug dar, um wettbewerbsrelevante Ergebnisse zu erzielen. „Supply Chains are value-adding relations of partially discrete, yet inter-reliant, units that cooperatively transform raw materials into finished products through sequential, parallel, and/or network structures."[5] Der strategischen Effektivität liegt die Annahme zugrunde, dass neben direkten finanziellen Effekten insbesondere auch indirekte Funktionen den Wert der Zusammenarbeit determinieren.[6] Neuere Ansätze gehen daher dazu über, den Wert einer vertikalen Zusammenarbeit stets aus Sicht des langfristigen Potenzials (Lebenszyklusbewertung) und nicht des Erfüllungsgrads von Effizienzkriterien zu bewerten.[7]

Die Effektivität steht in direktem Zusammenhang mit der gemeinsamen Generierung von Innovationen.[8] Verschiedene Studien zeigen, dass insbesondere die Neuproduktentwicklung von der Zusammenarbeit mit Zulieferern profitieren kann.[9] Die Kooperation mit Zulieferern eröffnet innovative Potenziale durch die Kombination organisationaler Wissensbasen und komplementärer Kompetenzen.[10] Möller und Törrönen (2003) sehen in der Effektivität in erster Linie die *Innovationsfunktion* von Zulieferern begründet. Zulieferer können Quelle von materiellen und immateriellen Ressourcen sowie Informationen über Produkte und Märkte sein. Insgesamt können unter Effektivität strategische Ziele durch Ressourcen- und Wissensübermittlung, Problemlösefähigkeit[11] und gemeinsame Innovationsgenerierung sowie die gemeinsame Umsetzung strategi-

---

[4] Vgl. Dyer und Singh (1998).

[5] Hult et al. (2007, S. 1035).

[6] Vgl. Möller und Törrönen (2003).

[7] Vgl. Cousins et al. (2008); Möller und Törrönen (2003).

[8] Vgl. Möller und Törrönen (2003).

[9] Vgl. Handfield et al. (1999); Hoegl und Wagner (2005).

[10] Vgl. Bosch-Sijtsema und Postma (2009).

[11] Vgl. Clauß (2012).

scher Maßnahmen (Markterschließung, Ausgründungen etc.) zusammengefasst werden.[12]

Da sich die einzelnen Performance-Ziele eines Unternehmens nicht vollständig wechselseitig ausschließen, sondern je nach strategischer Planung unterschiedlich stark priorisiert werden, sollte die gesamte Performance von Kooperationen sowohl operative als auch strategische Kriterien umfassen.[13] Dies wird untermauert durch die Ergebnisse von Handfield et al. (1999), deren Befragung von Abnehmern eine nahezu äquivalente Bedeutung der Zielsetzungen verbesserter Produktentwicklung und geringerer Lieferkosten offenbart.[14] Kaufman et al. (2000) zeigen, dass die Anforderungen an einen Zulieferer bezüglich Effizienz und Innovativität in einem substitutiven Verhältnis stehen und insbesondere bei komplexen gemeinsamen Problemlösungen Effizienzvorteile, wie Kostensenkungen, an Bedeutung verlieren.

Zusammenfassend zeigen die Ausführungen, dass mit der vertikalen Zusammenarbeit im Wesentlichen Effizienz- und Effektivitätsziele verfolgt werden. Effizienzziele verkörpern eine operative Sicht, in der vordefinierte Prozesse bezüglich quantitativer Kennzahlen verbessert werden. In einem strategischen Supply Chain Management hingegen fassen Effektivitätsziele die Schaffung von Neuem zusammen: Wissen, Fähigkeiten oder Innovationen. Da grundsätzlich ein gewisser Trade-Off dieser Zielsetzungen zu erwarten ist, gilt es für ein strategisches Zulieferermanagement, Mechanismen zu installieren, die dem jeweiligen Planziel einer vertikalen Kooperation zuträglich sind.

---

[12] Vgl. Hult et al. (2002).

[13] Vgl. Lui und Ngo (2004).

[14] Vgl. Handfield et al. (1999).

Governance vertikaler Kooperationen 4

4.1 Grundlagen der Governance

Je nach strategischer Bedeutung der Zusammenarbeit mit Zulieferern werden Maßnahmen zur Steuerung und Kontrolle notwendig. Relevante Mechanismen werden gemeinhin unter dem Begriff der *Governance* zusammengefasst. Governance beschreibt allgemein den institutionellen oder normativen Rahmen, in dem eine Kooperation stattfinden kann.[1] Palay (1984) definiert diese als „a shorthand expression for the institutional framework in which contracts are initiated, negotiated, monitored, adapted, and terminated"[2]. Diese Sichtweise fokussiert auf stark formale Richtlinien im Rahmen der Vertragsgestaltung. Heide (1994) argumentiert bereits in einer frühen Betrachtung, dass auch dynamische und implizite Mechanismen den Handlungsrahmen der Kooperation begrenzen können: „(. . .) governance is a multidimensional phenomenon, encompassing the initiation, termination and ongoing relationship maintenance between a set of parties."[3] Somit ist unter Governance zunächst die Grundlage dafür zu verstehen, dass eine Kooperationsbeziehung zustande kommt und ihre Funktionsfähigkeit erreicht. In diesem Kontext kommt sogenannten *Governancemechanismen* eine bedeutsame Rolle zu. Diese beeinflussen die Governance gezielt aus Sicht eines Partners im Hinblick auf gewünschte Verhaltensweisen und Zielsetzungen. „Governance mechanisms are those tools that are used to establish and structure exchange relationships."[4]

---

[1] An dieser Stelle wird bewusst der englische Begriff der Governance gewählt, da dieser einen gängigen Oberbegriff stellvertretend für Maßnahmen der Abstimmung, Steuerung und Kontrolle im Zuge einer Kooperation mit Zulieferern darstellt, vgl. Poppo und Zenger (2002).

[2] Palay (1984, S. 265).

[3] Heide (1994, S. 72).

[4] Heide (1994, S. 72).

T. Clauß, *Zuliefererkooperationen*, essentials,
DOI 10.1007/978-3-658-06112-8_4, © Springer Fachmedien Wiesbaden 2014

Governance in Zuliefererkooperationen verfolgt grundsätzlich zwei wesentliche Zielsetzungen: *Koordination* und *Kontrolle*.[5] Durch Koordination soll die funktionale Abstimmung gemeinsamer Prozesse erreicht werden. Kontrollmechanismen sollten dafür Sorge tragen, das Risiko opportunistischen Verhaltens des Partners zu minimieren.[6] Insgesamt sollen durch Governance Dysfunktionalitäten der Kooperation wie Ineffizienzen durch Komplexität und mangelnde Flexibilität oder Opportunismus vermieden und komplementäre Kompetenzen der Partner strategisch verzahnt werden.[7]

Die Aufgabe einer effizienten Koordination von interorganisationalen Prozessen liegt darin, die Rollen und Verantwortlichkeiten innerhalb der Beziehung klar abzugrenzen und in Bezug auf gemeinschaftliche Ziele zu vereinbaren. Koordination kann daher als das Ausmaß der Konsistenz und Kohärenz der Einzelaktivitäten kooperierender Akteure bezeichnet werden.[8] Koordination umfasst die Bildung geeigneter formaler und informaler Verbindungen zwischen selbstständigen Funktionseinheiten, um gemeinsame Aufgaben erfüllen zu können.[9] Koordinationsmechanismen werden in interorganisationalen Beziehungen notwendig, da sich eine eigenständige, kohärente Ausrichtung der Partner in der Regel nicht einstellt und somit die Interessen der Partner durch gezielte Einflussnahme in Einklang gebracht werden müssen.[10] In komplexen interorganisatorischen Gefügen können insbesondere strukturelle und kulturelle Divergenzen zu Missverständnissen im Prozessablauf führen.[11] Daraus resultieren Informationsasymmetrien, die sich in Doppelarbeiten oder mangelnder Komplementarität der Einzelaktivitäten manifestieren. Die Koordinationsfähigkeit ermöglicht, dass Partner trotz physischer, kognitiver und kultureller Entfernung ein hohes Maß an produktiver Interaktion erreichen können.[12]

Die Kontrolle dient dem Abbau von Risiken der Zusammenarbeit, die sich aus Unsicherheiten des Umfelds und des Verhaltens des Partners ergeben.[13] Die Umsetzung der Kontrolle umfasst geeignete Mechanismen und Maßnahmen, welche

---

[5] Vgl. Mellewigt et al. (2007); Lumineau und Malhotra (2011).

[6] Vgl. Mesquita und Brush (2008).

[7] Vgl. Walter et al. (2010); Yeung et al. (2009).

[8] Vgl. Cheng (1984).

[9] Vgl. Mellewigt et al. (2007).

[10] Vgl. Dyer und Singh (1998).

[11] Vgl. Park und Ungson (2001).

[12] Vgl. Schreiner et al. (2009).

[13] Vgl. Lui und Ngo (2004); Das und Teng (1998).

dazu führen, dass sich kooperierende Parteien in ihrem Verhalten an gemeinschaftlichen Zielen orientieren und nicht versuchen, eigene Vorteile auf Kosten des Kooperationspartners zu realisieren.[14] Kontrolle wird durch die Festlegung von messbaren Zielen und Verhaltensstandards ermöglicht[15] und durch die Anwendung von Autorität und Macht ausgeübt, um eigenmächtiges oder abweichendes Verhalten der Partner zu vermeiden.[16] Insbesondere müssen Unternehmen dafür Sorge tragen, dass sich Partner nicht opportunistisch verhalten, um sich einen Vorteil auf Kosten des anderen zu verschaffen. Opportunismus wird definiert als „self-interest seeking with guile"[17] und stellt daher eine geplante (arglistige) Verfolgung egoistischer Ziele dar. Opportunistisches Verhalten umfasst das Zurückhalten oder Verfälschen relevanter Informationen, Verfehlungen bezüglich vereinbarter Ziele und Versprechungen sowie Aneignung und Ausnutzung technologischer, wissensbasierter oder humaner Ressourcen von Partnern.[18] Zudem kann Opportunismus auf die bewusste strategische Manipulation eines Geschäftspartners zur Realisierung von Partikularinteressen abzielen.[19]

In der neueren Literatur zur Governance von interorganisationaler Zusammenarbeit werden zahlreiche verschiedene Governancemechanismen unterschieden, die sich im Wesentlichen zu zwei divergierenden Gruppen zusammenfassen lassen: *transaktionale* oder *relationale Governencemechanismen*.[20] In den folgenden Abschnitten werden diese beiden Mechanismen für ein detailliertes Verständnis einzeln theoretisch hergeleitet und definiert.

---

[14] Vgl. Liu et al. (2009); Das und Teng (2001).

[15] Vgl. Cäker (2008).

[16] Vgl. Mellewigt et al. (2007).

[17] Williamson (1975, S. 6).

[18] Vgl. Das und Teng (2001).

[19] Vgl. Walter et al. (2010).

[20] Vgl. u. a. Dwyer et al. (1987); Tangpong et al. (2008). Häufig werden auch formale und informelle Mechanismen aus einer inhaltlichen und weniger ergebnisorientierten Perspektive abgegrenzt.

4.2 Transaktionale Governance

4.2.1 Potenzielle transaktionale Mechanismen

Der Begriff der transaktionalen Governance lehnt sich an die *Transaktionskosten-theorie* nach Williamson (1975) an[21] und zielt demnach auf die Minimierung der Transaktionskosten in Abhängigkeit von Kontextbedingungen der Kooperation ab.[22] Liu et al. (2009) definieren transaktionale Governancemechanismen: „Transactional coordination mechanisms are those that govern interparty exchanges, avoiding uncertainties through legal stipulations and economic incentive systems."[23] Sie heben hervor, dass transaktionale Mechanismen auf zumeist *vertraglich basierten Regularien* oder *extrinsischen Anreizsystemen* beruhen. Es wird versucht, die Zusammenarbeit durch ein feinmaschiges Netzwerk an Regeln, Vorgaben und Bestimmungen sowie Festlegung der zugehörigen Konsequenzen sicher zu gestalten.

Der Zweck der Governance gilt der Prävention transaktionaler Risiken, der Schaffung von Transparenz und der Gewährleistung eines effizienten Produktionsablaufs. Den Ausgangspunkt der Argumentation stellt die Annahme dar, dass zwischen nicht vollständig integrierten Parteien naturgemäß Informationsasymmetrien bestehen, welche für opportunistisches Verhalten der Wirtschaftssubjekte genutzt werden können. Der Einsatz der Governance soll die Risiken eines opportunistischen Verhaltens des Partners minimieren, indem die Möglichkeiten hierzu beschränkt oder vollständig eliminiert werden.[24] Transaktionale Governance dient der Sicherstellung, dass bekannte Leistungsziele der einzelnen Transaktion erreicht werden. Von erheblicher Bedeutung für den Erfolg der Zusammenarbeit ist es somit, die Leistungsbeiträge des Kooperationspartners zu kontrollieren und mit den Prozessvorgaben abzugleichen. Daher liegt der Fokus transaktionaler Governance auf der Kontrollfunktion.[25]

---

[21] Vgl. Li et al. (2010). Der klassische Transaktionskostentheoretische Ansatz schlägt die Wahl zwischen diskreten Governancealternativen (Markt, Kooperation und Hierarchie) vor. Neuere Ansätze argumentieren jedoch primär, dass innerhalb der Kooperation konkrete Governancemechanismen transaktionskosteneffizient ausgestaltet werden müssen. Der Fokus dieser Mikroebenenbetrachtung liegt darin, für verschiedene Ausprägungen der Transaktionsparameter innerhalb der Kooperation geeignete Governancemechanismen festzulegen.

[22] Vgl. Williamson (1975).

[23] Liu et al. (2009, S. 294).

[24] Vgl. Mellewigt et al. (2007).

[25] Vgl. Williamson (1999).

Die Koordination von Aktivitäten rückt in dieser Sichtweise in den Hintergrund und wird nur für standardisierbare Prozesse erfüllt.[26] Je nach spezifischer Art der Zusammenarbeit können formale Regelungen zur besseren Abstimmung der Aktivitäten zwischen Kooperationspartnern führen. Die Formalisierung umfasst die schriftliche Fixierung von Regeln, Standardprozeduren und Verantwortlichkeiten für spezifische Aktivitäten.[27] Zusätzlich spezifizieren Verträge die Entscheidungsbefugnisse und helfen Kommunikationsflüsse zu strukturieren.[28]

Die transaktionale Governance erfordert die Definition und *schriftliche Fixierung von Zielsetzungen* und Anforderungen, um diese mit formalen Schutzmechanismen verbinden zu können. *Verträge* stellen den bedeutenden Mechanismus transaktionaler Governance dar.[29] Es gilt für den industriellen Abnehmer, geeignete Vertragswerke auszugestalten und die Möglichkeiten zu opportunistischem Verhalten weitgehend zu minimieren.[30] In Zuliefererkooperationen treten primär sogenannte *neoklassische Verträge* auf. Diese sind in Abgrenzung zu klassischen Verträgen zeitraumorientiert, d. h., dass Leistung und Gegenleistung zeitlich auseinanderfallen und zum Zeitpunkt des Vertragsabschlusses nicht vollständig und eindeutig spezifiziert werden können.[31]

Verträge nehmen primär eine *Kontrollfunktion* ein. In ihnen werden allgemeine Leistungen und Gegenleistungen, der Umgang mit sensiblen Informationen und geistigem Eigentum, Vorgehensweisen im Konfliktfall oder Konsequenzen bei Vertragsbruch geregelt.[32] Das Ziel besteht darin, die Rahmenbedingungen der Transaktion derart zu spezifizieren, dass Unsicherheiten ex ante vermieden werden können. Die Kontrollfunktion vertraglicher Governance wird durch die Festlegung von Konsequenzen bei Abweichung von vertraglichen Absprachen umgesetzt. Opportunistischem Verhalten wird mittels kodifizierter Regelungen und gegebenenfalls durch fixierte Sanktionen wie Vertragsstrafen vorgebeugt.[33] Zulieferer werden verpflichtet, ein vertragskonformes Verhalten und verbindliche Ergebnisse zu liefern, um etwaige Vertragsstrafen zu vermeiden. Zusätzlich stellen Verträge die juristische Grundlage der Zusammenarbeit dar. Im Ernstfall kön-

---

[26] Vgl. Lumineau und Malhotra (2011); Mellewigt et al. (2007).

[27] Vgl. Liu et al. (2009).

[28] Vgl. Mellewigt et al. (2007).

[29] Vgl. Williamson (1999).

[30] Vgl. Puranam und Vanneste (2009).

[31] Vgl. Dietl et al. (2009).

[32] Vgl. Hagedoorn und Hesen (2007).

[33] Vgl. Magnus et al. (2008).

nen Vertreter des Rechtssystems zur Durchsetzung von Forderungen eingeschaltet werden.[34]

Das Ausmaß der vertraglichen Ausdifferenzierung hängt vom Verhältnis der Risiken durch opportunistisches Verhalten (bedingt durch Unsicherheit, Spezifität der eigenen Investitionen, Dauer/Häufigkeit der Zusammenarbeit oder Komplexität der Aufgabenstellung) und der Kosten für die Governance ab. Während Transaktionen mit einem geringeren Risiko auch mit einfacheren, weniger komplexen Verträgen gesteuert werden können, steigt die notwendige vertragliche Kontrolle mit der Bedeutung der Transaktion an.[35] Dies verdeutlicht jedoch auch, dass Verträge aufgrund der begrenzten Kenntnis aller Eventualitäten grundsätzlich ein nur unvollständiger Governancemechanismus sind. Je komplexer die abzusichernde Situation, desto differenzierter müssen Vertragswerke werden und desto kostenintensiver wird deren Erstellung. Diese Komplexität nimmt in langfristigen transaktionalen Vorhaben weiterhin zu. Dann müssen Verträge auch zukünftige Risiken und Verhaltensweisen antizipieren, auch wenn zum Zeitpunkt des Vertragsabschlusses keine Vorzeichen für ein opportunistisches Verhalten vorliegen.[36]

Um dem Ziel der größtmöglichen Unsicherheitsreduktion in transaktionalen Geschäftsbeziehungen zu genügen, kommen zusätzlich zu Verträgen weitere transaktionale Governancemechanismen in Betracht, insbesondere dann, wenn Transaktionen eine bestimmte Größe, Komplexität und Spezifität einnehmen und Verträge allein an ihre Grenzen stoßen.[37]

Eine Möglichkeit, die zumeist auf vertraglicher Grundlage basiert, stellt die Erteilung konkreter *Vorgaben* dar. Vorgaben umfassen Spezifikationen konkreter Produkt- und Prozessziele, der Rahmenbedingungen und Zielpreise.[38] In der Zusammenarbeit mit Zulieferern ist daher eine synchronisierte und integrierte Ausgestaltung der von Zulieferern bereitgestellten Leistungen sicherzustellen. Durch dezidierte Vorgaben bezüglich des technologischen Designs, der Gestaltung von Schnittstellen sowie der Produktspezifikation können Hersteller die Eignung von Zuliefererprodukten sicherstellen.[39]

Vorgaben können mehr oder minder formale Formen annehmen. Bouncken (2011) hält fest: „(Upstream directives) can range from more informal and flexi-

---

[34] Vgl. Lumineau und Malhotra (2011).

[35] Vgl. Mellewigt et al. (2007).

[36] Vgl. Williamson (1999).

[37] Vgl. Anderson und Dekker (2005).

[38] Vgl. Bouncken (2009); Bouncken (2011).

[39] Vgl. Bouncken (2011); Eckhard et al. (2009).

ble suggestions to formal precepts of clients on suppliers."[40] Dies bedeutet, dass grundsätzlich zwischen solchen Vorgaben zu unterscheiden ist, die im Zuge der Zusammenarbeit von Seiten des Abnehmers artikuliert werden, und solchen Vorgaben, die im Vorfeld spezifiziert und kodifiziert werden. Im ersten Fall können diese vom Abnehmer flexibel eingesetzt werden. Diese Option ist an laufende wechselseitige Abstimmungsprozesse gebunden und setzt ein gewisses Maß der Weisungsbefugnis von Seiten des Abnehmers voraus.[41] Alternativ werden Vorgaben als eindeutig spezifizierte Vorschriften definiert, welche auf einer formalen Grundlage basieren.[42] Deren Ausdifferenzierung im Vertrag kann jedoch variieren, da insbesondere Rahmenverträge nicht jede konkrete Leistung ex ante festlegen. Beispielsweise gehen gemeinsamen Entwicklungsprojekten regelmäßig vorvertragliche Meetings voran,[43] in denen Vorgaben besprochen und beschlossen werden. Mayer und Argyres (2004) zeigen am Beispiel des Unternehmens *Softstar*, dass neben einem juristischen Vertrag, der die Hauptaspekte der Leistungserstellung (Preise oder Lizenzgebühren) regelt, häufig weniger juristische *Statements of Work* zwischen den Ingenieuren beschlossen werden, die den Vertrag projektspezifisch ergänzen. Diese werden aus den Rahmenbedingungen des Hauptvertrages legitimiert.[44] Somit ist in der Regel davon auszugehen, dass das Recht zur Erteilung von Vorgaben formal fixiert wird. Vorgaben sind demnach zwar flexibler als die primären Kooperationsverträge, jedoch den transaktionalen Mechanismen zuzuordnen.

Weiter kann gezielt eine *Kontrolle* von Aktivitäten und Intervention im Bedarfsfall erfolgen. Transaktionale Kontrolle wurde nach verhaltensorientierten und ergebnisorientierten Mechanismen differenziert. Verhaltenskontrollen zielen auf die Sicherstellung reibungsloser Prozesse ab. Sie umfassen demnach Regeln, Standardprozeduren und die Führung individuellen Verhaltens. Ergebniskontrollen begutachten das Ergebnis von Prozessen mittels entsprechender Mess- und Bewertungssysteme.[45] Transparenz über Fortschritte und Ergebnisse wird in Zuliefererbeziehungen häufig durch den Einsatz von *Berichtssystemen* erreicht. Insbesondere ein Reporting produktions- und lieferbezogener Kennzahlen in der Zusammenarbeit verhindert opportunistisches Verhalten und liefert eine

---

[40] Bouncken (2011, S. 36).

[41] Vgl. Ouchi (1979).

[42] Vgl. Bouncken (2009).

[43] Vgl. Dwyer et al. (1987).

[44] Vgl. Mayer und Argyres (2004).

[45] Vgl. Langenfield-Smith (2008).

Grundlage zur frühzeitigen Intervention.[46] In der Regel werden prozedurale Verhaltensmaximen sowie Leistungen vertraglich fixiert. Sowohl verhaltensorientierte als auch ergebnisorientierte Kontrollmechanismen werden darauf aufbauend mit Konsequenzen bei Abweichungen oder auch Einhaltung belegt. Unerwünschtes Verhalten wird spezifiziert und konkrete Sanktionen werden festgelegt.[47] Analog können auch Belohnungen wie Prämien oder Boni im Erfolgsfall vereinbart werden.

Eine weitere formale Möglichkeit der Governance wird darin gesehen, den Partner an die Zusammenarbeit zu binden. Durch Schaffung einer *finanziellen* Abhängigkeit kann eine Abweichung von dem gewünschten Verhalten unwirtschaftlich für den Zulieferer sein. Durch spezifische Investitionen in die Zusammenarbeit, beispielsweise in Form von Beteiligungen, Entwicklung von Spezialmaschinen etc. werden „*Geiseln*" ausgetauscht, die bei einer Beendigung der Zusammenarbeit ihren Wert verlieren. Je höher der Wert der Investition ist, desto weniger Anreize bestehen zum opportunistischen Verhalten.[48] Die vier wesentlichen Mechanismen transaktionaler Governance werden in Tab. 4.1 den bedeutendsten Vertretern aus der Literatur zugeordnet.

Zusammenfassend wird deutlich, dass transaktionale Governance auf einem begrenzten Spektrum formaler Mechanismen beruht, die durch einen Partner vorgegeben werden. Diese umfassen im Wesentlichen Verträge und formalisierte Regeln, welche konkrete Verhaltensweisen und Leistungsziele definieren. Damit Kontrollen und gegebenenfalls Interventionen durch Sanktionen oder juristische Schritte möglich sind, müssen die Zielsetzungen ex ante definiert, quantifiziert und festgeschrieben werden.

4.2.2 Auswirkungen transaktionaler Governance auf Zuliefererkooperationen

Die zuvor beschriebenen Mechanismen kommen in Zuliefererkooperationen zum Einsatz, um Effizienzverluste zu verhindern. Mit steigenden Transaktionskosten sollte demnach ein vermehrter oder differenzierterer Einsatz dieser Mechanismen in der Kooperation erfolgen.[49]

---

[46] Vgl. Cäker (2008).

[47] Vgl. Walter et al. (2010, S. 141).

[48] Vgl. Williamson (1975). Dyer (1996) zeigt, dass bspw. japanische Automobilhersteller häufig finanzielle Beteiligungen (Aktienanteile) austauschen.

[49] Vgl. Eckhard et al. (2009); Mellewigt et al. (2007); Poppo und Zenger (2002).

Tab. 4.1 Transaktionale Governancemechanismen

Mechanismus	Inhalt	Quelle
Vertrag/Regeln	Formal-juristische Fixierung der Leistungen und Gegenleistungen in der Zusammenarbeit sowie Rahmenbedingungen (z. B. Dauer) und Konsequenzen bei Nichteinhaltung	Williamson (1999); Eckhard et al. (2009); Argyres und Liebeskind (1999); Coltman et al. (2009); Mellewigt et al. (2007); Mooi und Ghosh (2010)
Vorgabe	Klare Vorgabe von erwünschten Leistungsspezifikationen, Zielen, Designs etc. durch kodifizierte Informationen sowie deren Kontrolle	Bouncken (2010, 2009); Ouchi (1979); Das und Teng (1998)
Kontrolle/Berichtssysteme	Regelmäßige, fixierte Reports über relevante Kennzahlen der Zusammenarbeit (Produktionsberichte und -statistiken etc.)	Cäker (2008); Malone et al. (1987); Magnus et al. (2008)
Geiseln/Wechselseitige Abhängigkeit	Beteiligungen (z. B. Aktienanteile) und idiosynkratische Investitionen in die Kooperation (z. B. Entwicklung von Spezialmaschinen)	Williamson (1983); Heide und John (1990); Ganesan (1994)

Die zumeist über vertragliche Regelungen umgesetzte transaktionale Governance wirkt auf die Verhaltensweisen des Partners kontrollierend, indem Konsequenzen bei Abweichungen von Vorgaben spezifiziert werden.[50] Hieraus resultiert ein sehr begrenzter gestalterischer Spielraum für die Transaktionspartner. Damit das Verhalten und die Ergebnisse kontrolliert werden können, gilt es, die Rechte und Pflichten der Partner ex ante möglichst präzise und objektiv festzuhalten. Im Ernstfall können Vertreter des Rechtssystems zur Durchsetzung von Forderungen eingeschaltet werden.[51]

---

[50] Vgl. Mellewigt et al. (2007); Lumineau und Malhotra (2011).

[51] Vgl. Lumineau und Malhotra (2011).

Damit ein Vertrag als hinreichender Mechanismus eingesetzt werden kann, müssen die Bedingungen der Transaktion eine vertragliche Regelung zulassen. Die Möglichkeit, die Rechte und Pflichten der Partner in vertraglichen Dokumenten und Vorgaben zu spezifizieren, erfordert, dass diese im Vorfeld objektiviert werden können. Problematisch ist dies in Situationen, in denen eine Bewertung der Leistung des Partners nicht möglich ist. Sind Transaktionen durch eine hohe Verhaltensunsicherheit gekennzeichnet, wird die Möglichkeit zur formalen Kontrolle deutlich eingeschränkt. Aus diesem Grund eignet sich die Detaillierung vertraglicher Spezifikationen besonders dann, wenn die Transaktion Leistungen umfasst, deren Effizienzparameter im Vorfeld festgelegt werden können.

Die formale Kontrolle erfordert, dass zwischen den Partnern die Möglichkeit besteht, die relevanten Informationen vollständig auszutauschen, insbesondere dann, wenn es sich um kodifizierbare Informationen handelt. Dies beschränkt den Umfang der vertraglichen Regelungen auf Formen der Zusammenarbeit, in denen primär tangible Ressourcen ausgetauscht werden. Angemessen erscheinen diese, sofern Effizienzziele wie Kostenreduzierung, Qualitätssicherung und Lieferpünktlichkeit verfolgt werden.[52] Implizite Bestandteile wie der Know-how- oder Wissensaufbau können in formalen Regelungen nur unzureichend berücksichtigt werden und bleiben innerhalb der transaktionalen Kooperation schutzlos.

Auf die Performance kann vertragliche Absicherung insbesondere dann positive Effekte entfalten, wenn die zu spezifizierende Leistung weitgehend standardisierbar ist. Dies gibt den Parteien die Möglichkeit, im Rahmen der vertraglichen Rahmenbedingungen aufgrund von Größenvorteilen oder Lernkurveneffekten eine effiziente Verbesserung der Abläufe zu erzielen. Das ist dann gegeben, wenn die Zusammenarbeit darauf abzielt, Beschaffungsvorgänge nach vordefinierten Plänen möglichst kostengünstig durchzuführen und sich Fixkosten der Transaktion mit wiederholter Durchführung verteilen.[53]

Aus den Limitationen transaktionaler Governancemechanismen leitet sich ab, dass diese naturgemäß primär für das Management von Kooperationen mit effizienzorientierten Zielsetzungen geeignet sind. Strategische Effektivitätsziele, deren konkrete inhaltliche Ausgestaltung ungewiss ist, können inhaltlich nicht oder nur unzureichend formal fixiert werden und bedürfen der Bereitschaft von Akteuren, sich über den formalen Rahmen hinaus für gemeinsame Ziele zu engagieren.

---

[52] Vgl. Spekman et al. (1998). Die Vergleichsanalyse von Zuliefererverträgen und Allianzverträgen in Luftfahrtpartnerschaften durch Mayer und Teece (2008) zeigt, dass klassische Beschaffungsverträge diesem Muster in weiten Teilen entsprechen.

[53] Vgl. Dietl et al. (2009).

4.3   Relationale Governance

4.3.1   Potenzielle relationale Mechanismen

Relationale Governancemechanismen basieren vornehmlich auf wechselseitigem Verständnis, Vertrauen und sozialen Verbindungen und entstehen erst im Zuge wiederholter Interaktion. „(...) Relational mechanisms emphasize inherent and moral control, governing exchange through consistent goals and cooperative atmospheres."[54] Dies hebt hervor, dass nicht zwangsläufig ausdifferenzierte Vertragswerke oder extrinsische Anreize bestehen müssen, um eine effiziente Koordination von Geschäftspartnern zu realisieren, sondern immanente Aspekte der Beziehung, die handlungsleitend wirken. Lambert et al. (1996) halten fest: „The strongest partnerships generally have the shortest and least specific agreements or no written agreement at all."[55]

Relationale Governancemechanismen koordinieren die interorganisationale Zusammenarbeit durch die Schaffung eines *gemeinsamen Bezugsrahmens*. Relationale Governance wird in der Regel langfristig in Beziehungen zwischen Partnern umgesetzt. Sie basiert auf Vertrauen und impliziten Normen, welche zwar durch verschiedene Mechanismen stimuliert, jedoch nicht wie ein Vertrag direkt implementiert werden können und müssen. Im Zuge von wiederholter Interaktion müssen Partner gegenseitige Vertrauenswürdigkeit und Verlässlichkeit demonstrieren und internalisieren.[56] Somit sind relationale Mechanismen ungeeignet für eine kurzfristige operative Zusammenarbeit.

Ein wesentliches Element informeller Koordination kann in der Bildung von *Vertrauen* im Zuge wiederholter, erfolgreicher Interaktion gesehen werden.[57] Vertrauen liegt dann vor, wenn ein Partner auf die Zuverlässigkeit und Integrität eines anderen vertraut, [58] auch wenn hierfür keine formale Sicherheit besteht und die Möglichkeiten zur Kontrolle begrenzt sind.[59] Somit stiftet Vertrauen den Akteuren eine Sicherheit in der Erwartung des Verhaltens eines anderen Akteurs. Bradach und Eccles (1989) definieren demnach Vertrauen als „a type of expectation that al-

---

[54] Liu et al. (2009, S. 294).

[55] Lambert et al. (1996, S. 11).

[56] Vgl. Das und Teng (1998).

[57] Vgl. Ravald und Grönroos (1996).

[58] Vgl. Morgan und Hunt (1994).

[59] Vgl. Puranam und Vanneste (2009).

leviates the fear that one's exchange partner will act opportunistically."[60] Vertrauen äußert sich somit auch in der Bereitschaft eines Akteurs, sich auf einen anderen zu verlassen, ohne Maßnahmen zur Absicherung zu ergreifen.

Vertrauen basiert auf dem Glauben, dass der Partner konsistente Ergebnisse erbringt und sich ehrlich, fair, verantwortungsvoll, hilfsbereit und wohlwollend verhält.[61] Vertrauen kann sich demnach primär auf zwei Eigenschaften beziehen. Zum einen kann sich Vertrauen auf die Performanceerwartung des Partners beziehen. Diese Form umfasst das Zutrauen und die Verlässlichkeit des Partners bezüglich gewisser Leistungen, seiner Fähigkeiten und Kompetenzen (sog. *Competence Trust* oder *Dependability*). Zum anderen umfasst Vertrauen die Verhaltenserwartung des Partners, den Glauben an dessen Wohlwollen und gute Absichten (sog. *Goodwill Trust* oder *Benevolence*).[62] Während sich das Vertrauen in die Kompetenz des Partners aus einer formalen Grundlage ergeben kann (z. B. Zertifizierung, Bewertung von Probeteilen)[63] und verhältnismäßig leicht zu demonstrieren ist, benötigt der Aufbau eines Verhaltensvertrauens langfristige Beziehungen und wiederholte Interaktionen.[64]

Vertrauensaufbau stellt einen zeitdynamischen Entwicklungsprozess dar. Um Vertrauen aufzubauen, bedarf es wechselseitiger Erwiderung zwischen den Akteuren. Damit diese jedoch erfolgen kann, muss ein Partner zunächst eine risikoreiche Vorleistung erbringen, indem er dem anderen Freiheitsgrade einräumt, innerhalb derer er sich opportunistisch verhalten könnte.[65] „(Trust is) a psychological state comprising the intention to accept vulnerability based upon positive expectations of the intentions or behavior of another."[66] Das Risiko dieser Vorleistung kann durch vorliegende Informationen (bspw. die Reputation des Partners) reduziert, jedoch nicht vollständig abgebaut werden. Puranam und Vanneste (2009) sprechen von einem *Ex-ante-Vertrauen*, welches auf Basis der verfügbaren Informationen und des Grundvertrauens eines Akteurs gebildet wird. In dieser Phase kann Vertrauen nur begrenzt als Governancemechanismus begriffen werden. Erst zeitlich nachgelagert, kann das reale Verhalten das vorgeschossene Vertrauen be-

---

[60] Bradach und Eccles (1989, S. 104).

[61] Vgl. Morgan und Hunt (1994).

[62] Vgl. Das und Teng (2001); Johnston et al. (2004); Ireland und Webb (2007).

[63] Vgl. Langenfield-Smith (2008).

[64] Vgl. Ireland/Webb (2007).

[65] Vgl. Ireland und Webb (2007).

[66] Rousseau et al. (1998, S. 395).

stätigen.[67] Zahlreiche interorganisationale Studien weisen empirisch nach, dass wiederholte Interaktionen zu einer Steigerung des interorganisationalen Vertrauens führen können.[68] Werden eingeräumte Freiheiten im Zuge der Zusammenarbeit nicht für opportunistisches Verhalten genutzt, sondern demonstriert der Partner Vertrauenswürdigkeit, bestätigt dies, dass zusätzliche Absicherungsmechanismen auch in Zukunft nicht erforderlich sind. Ein *Ex-post-Vertrauen* über dem Level des anfänglichen Vertrauens wird dann gebildet.[69] Zudem bieten Informationen aus vorangegangenen Interaktionen eine Grundlage zur Bewertung der Intentionen und Motive des Partners und steigern die Prognostizierbarkeit zukünftigen Verhaltens.[70] Dies ermöglicht es, die Verhaltensweisen von Partnern besser zu antizipieren.

Um den zeitlichen Vertrauensaufbau zu unterstützen, benennen Das und Teng (1998) vier Ansätze. 1) Akteure können ein *relationales Risiko* in Kauf nehmen, indem sie sich der Gefahr opportunistischen Verhaltens durch den Partner bewusst aussetzen. „When a trustee realizes that a trustor has taken considerable risk in trusting her, she tends to be motivated to behave in a trustworthy manner."[71] 2) Unternehmen sollten auf eine *gerechte Aufteilung* der durch die Kooperation erwirtschafteten Gewinne achten, um zu vermeiden, dass sich Partner benachteiligt fühlen oder das Gefühl bekommen, ausgenutzt zu werden. Ein offenes und faires Verhalten demonstriert die Vertrauenswürdigkeit. 3) Vertrauen kann durch eine *aktive Kommunikation* zwischen den Partnern erzeugt werden. Diese stellt die Basis einer vertrauensvollen Interaktionsbeziehung dar. Durch Kommunikation können Informationsasymmetrien abgebaut werden, was die Möglichkeit zu opportunistischem Verhalten schmälert. 4) Unternehmen können sich den spezifischen *Erfordernissen ihrer Partner anpassen*. Richten Unternehmen ihr Verhalten aktiv an der gemeinsamen Zielsetzung aus, demonstrieren sie dadurch, dass ihnen die Zusammenarbeit wichtig ist und dass eine langfristige Kooperation angestrebt wird.

---

[67] Vgl. Dekker (2004). Hoetker und Mellewigt (2009, S. 1028) verdeutlichen, dass relationale Governance grundsätzlich Aktivitäten benötigt: „If an adjustment needs to be made in an alliance, the partners cannot bring it about by sitting in their offices feeling trusting. Rather they must draw upon the problem solving mechanisms (...) that characterize relationships rich in trust."

[68] Vgl. bspw. Poppo et al. (2008).

[69] Vgl. Puranam und Vanneste (2009).

[70] Vgl. Gulati (1995).

[71] Das und Teng (1998, S. 503).

Die Vertrauensbildung wird wie gezeigt durch gegenseitige Erwiderung im Zeitverlauf beeinflusst.[72] Dieser Prozess wird durch *Reziprozität* verstärkt.[73] Reziprozität wurde definiert als: „a mutually contingent exchange of benefits between two or more units"[74] und beschreibt demnach den wechselseitigen und gleichwertigen Austausch von positiven Leistungen. Reziprozität wurde in der Literatur als Norm beschrieben, die die Akteure dazu anhält, positives Verhalten und Hilfsbereitschaft gleichermaßen zu erwidern.[75] Sie ergibt sich daraus, dass sich Individuen moralisch dazu verpflichtet sehen, erhaltene positive Leistungen – insbesondere wenn diese als großzügig empfunden werden – durch positive Gegenleistungen zurückzugeben.[76] Reziprozität basiert auf der Annahme, dass ein Unternehmen, welches einem anderen durch Vorleistungen aushilft, zu einem späteren Zeitpunkt auf Hilfsbereitschaft und Gegenleistungen vertrauen kann.[77] Zudem stellt Reziprozität ein wesentliches Merkmal von sozialer Nähe und Verbundenheit dar.[78] Dies ergibt sich dadurch, dass Interaktionen für gemeinsame Zielsetzungen naturgemäß nicht vollständig auf wertgleichen Beiträgen der Partner beruhen können. Aufgrund von Ressourcen- und Kompetenzunterschieden sind situativ Mehrleistungen von einzelnen Partnern zu erbringen, die nicht unmittelbar finanziell entlohnt werden und sich auch nicht vertraglich fixieren lassen. Diese werden durch moralische Verbindungen und Dankbarkeit ausgeglichen und bei Bedarf erwidert.

Auch Reziprozität ist grundsätzlich als *zeitdynamischer Mechanismus* zu begreifen, da die Partner im Zuge wiederholter Interaktion das Verhalten des Partners besser verstehen und den erwarteten Output zukünftiger Interaktionen antizipieren können.[79] Das zukünftige Verhalten wird an Erfahrungen aus vergangenen Transaktionen angepasst. Verhalten sich die Partner wiederholt reziprok, kann dies zur Ausprägung der Reziprozität als generelle Verhaltensnorm der Partnerschaft führen. Im Zeitverlauf werden zudem positive Zusammenhänge zwischen Vertrauen und der Reziprozität deutlich. Reziprozität stellt eine unmittelbare Möglichkeit für die Akteure dar, ihre Vertrauenswürdigkeit unter Beweis zu stellen. Erwidern Partner Vorleistungen wie inhaltliche oder finanzielle Hilfestellungen

---

[72] Vgl. Dyer und Singh (1998).

[73] Vgl. Ireland und Webb (2007).

[74] Gouldner (1960, S. 140).

[75] Vgl. Ireland et al. (2002).

[76] Vgl. Ring und van de Ven (1992).

[77] Vgl. Uzzi (1997).

[78] Vgl. Rindfleisch und Moorman (2001).

[79] Vgl. Puranam und Vanneste (2009).

durch faire Gegenleistungen und zeigen sich dankbar, wird eine Grundlage zur Vertrauensbildung geschaffen.[80]

Als Effekt der Langfristigkeit und des vertrauensvollen Umgangs zwischen Kooperationspartnern entstehen *soziale Bindungen*. Zahlreiche Arbeiten argumentieren, dass Kooperationen zwischen Unternehmen als soziale Strukturen begriffen werden können.[81] Soziale Verbindungen werden beschrieben als: „the degree of mutual personal friendship and liking shared by the buyer and seller"[82]. Gemeinsame Interessen sowie eine geteilte Verantwortung für identische Zielsetzungen können eine soziale Annäherung bis hin zu Freundschaften auslösen, da Individuen sich mit dem Partner über gemeinsame Probleme und Erfolge identifizieren.[83] Granovetter (1973) unterscheidet zwischen starken und schwachen Bindungen („strong vs. weak ties") von interagierenden Wirtschaftssubjekten. Starke Bindungen begründen sich durch eine hohe soziale Einbindung und daraus resultierend Nähe und Reziprozität der Akteure.

Gulati (1998) argumentiert, dass soziale Beziehungen einen effektiven Governancemechanismus darstellen. Er prägt in diesem Zusammenhang den Begriff des *Sozialen Netzwerks* – als Beziehungsstruktur zwischen Unternehmen –, welches mit zunehmender sozialer Nähe (*Embeddedness*) formale Regulation durch Vertrauen substituiert. Für die involvierten Akteure stiftet die persönliche Interaktion innerhalb des sozialen Gefüges einen Nutzen, der über den ökonomischen Nutzen hinausgeht. Dieser wahrgenommene soziale Nutzen kann zu einer Intensivierung der Zusammenarbeit von Unternehmen führen. Soziale Beziehungen schaffen einen hohen Grad an Gemeinsamkeit zwischen den agierenden SC-Unternehmen. Solche Situationen sozialer Nähe schaffen enge relationale Verknüpfungen und lassen formale Kontrolle obsolet werden.

Im Zuge intensiver Interaktion findet eine Sozialisation der Partner statt. Hierbei werden geteilte Verhaltensmaximen sowie einheitliche Werte und Normen gebildet.[84] *Relationale Normen* beschreiben ein erwartetes und sozial akzeptiertes Verhalten, an das sich die Partner halten.[85] Relationale Normen umfassen die Wer-

---

[80] Vgl. Ireland und Webb (2007).

[81] Vgl. Granovetter (1973) (Soziale Verbindungen); Gulati (1998) (Soziale Netzwerke); Dwyer et al. (1987) (Soziale Austauschepisoden); Ring und van de Ven (1992) (Soziale Identität).

[82] Wilson (1995, S. 339).

[83] Vgl. Price und Arnould (1999); Cäker (2008).

[84] Vgl. Dwyer et al. (1987).

[85] Vgl. Heide und John (1992).

te und Prioritäten, die Partner den Aktivitäten und Zielen beimessen.[86] Mellewigt et al. (2007) bezeichnen dies als „understanding without words"[87]. Relationale Normen manifestieren sich in verschiedenen Aspekten der Kooperation. Zusammen ergeben diese den Grad der *Relationalität* einer Kooperationsbeziehung als Norm höherer Ordnung.[88] Relationale Normen stellen für die kooperierenden Akteure einen verlässlichen Orientierungsrahmen dar, da Äußerungen oder Handlungen von Partnern kontextspezifisch richtig interpretiert und verstanden werden.[89]

Normen regulieren und steuern zukünftige Handlungsweisen der Partner,[90] da sie festlegen, welche Verhaltensweisen kollektiv als gut oder schlecht wahrgenommen werden.[91] Zusätzlich können relationale Normen den Effekt von Einflussstrategien der Partner beeinflussen, da explizite Einflüsse von den Akteuren vor dem Hintergrund der gemeinsamen Normen interpretiert werden. Brown et al. (2009) zeigen, dass die externe Einflussnahme durch einen Partner mit der Normstruktur kompatibel sein muss. Liegen relational etablierte Koordinationsstrukturen vor, werden Kontrollversuche des Partners tendenziell mit opportunistischem Verhalten bestraft.[92]

In der Literatur wurden verschiedene Dimensionen relationaler Normen konzeptualisiert.[93] Brown et al. (2009) beschreiben die drei Elemente der Solidarität, Rollenintegrität und Konfliktharmonisierung: 1) Die *Solidarität* beschreibt, dass die Akteure der Beziehung einen Wert beimessen und somit an der Aufrechterhaltung der Beziehung interessiert sind. Solidarität führt daher zu der Bereitschaft, die Beziehung zu pflegen und eigene Interessen den übergeordneten Interessen der Zusammenarbeit unterzuordnen.[94] 2) Die *Rollenintegrität* beschreibt die Vollständigkeit, Komplexität und Stabilität der Rollen der interagierenden Akteure. Sie legt fest, in welchem Ausmaß sich ein Partner in der Zusammenarbeit einbringen kann und wie sicher die zukünftige Erwartung dieser Rolle ist. Zudem beeinflusst sie erheblich die Flexibilität der Verhaltensweisen.[95] 3) Die *Konfliktharmonisierung* legt

---

[86] Vgl. Tangpong et al. (2010).

[87] Mellewigt et al. (2007, S. 838).

[88] Vgl. Noordewier et al. (1990); Heide und John (1992).

[89] Vgl. Humphrey (2000).

[90] Vgl. Gundlach et al. (1995).

[91] Vgl. Heide und John (1992); Tangpong et al. (2010).

[92] Vgl. Brown et al. (2009).

[93] Vgl. für eine umfassende Übersicht relationaler Normen Ivens (2004).

[94] Vgl. Brown et al. (2009).

[95] Vgl. Heide und John (1992); Noordewier et al. (1990).

Tab. 4.2 Relationale Governancemechanismen

Mechanismus	Inhalt	Quelle
Vertrauen	Inkaufnahme von Risiken, faires, loyales Verhalten, umfangreiche Kommunikation und Anpassung an individuelle Bedürfnisse, um Vertrauenswürdigkeit zu demonstrieren und Vertrauen zu schaffen	Das und Teng (1998); Morgan und Hunt (1994); Moorman et al. (1993); Rousseau et al. (1998)
Reziprozität	Aktive Erwiderung positiven Verhaltens zur Demonstration positiver Intentionen	Rindfleisch und Moorman (2001); Cannon und Perreault Jr. (1999); Tong et al. (2008)
Soziale Bindungen	Aufbau von sozialen Verbindungen durch einen interpersonellen Umgang von Einzelindividuen	Granovetter (1985); Gulati (1998); Das und Teng (2002); Ring und van de Ven (1994); Price und Arnould (1999); Sweeney und Webb (2007)
Relationale Normen	Etablierung von Verhaltensnormen durch konsistentes Verhalten, den intensiven Austausch von Wissen und Kompromissbereitschaft	Dwyer et al. (1987); Heide und John (1992); Brown et al. (2009); Ivens (2004); Williamson (1983); Anderson und Weitz (1992); Heide und John (1990); Ganesan (1994)

den Umgang mit divergierenden Meinungen fest und entscheidet darüber, wie sich Partner im Konfliktfall verhalten. Diese wird maßgeblich von der Offenheit und der Kompromissbereitschaft der Partner geprägt.[96]

Die vier identifizierten, wesentlichen Mechanismen relationaler Governance werden in Tab. 4.2 zusammengefasst.

Die vorangegangenen Ausführungen zeigen, dass relationale Governance durch verschiedene informelle Verhaltensmaximen und Einstellungen gegenüber dem Partner das Verhalten koordinieren. Relationale Mechanismen sind nicht direkt durch das Management einsetzbar oder kontrollierbar, sondern ergeben sich aus der sozialen Bindung von Akteuren im Zuge wiederholter Interaktion. Ihre Etablierung

---

[96] Vgl. Noordewier et al. (1990).

ergibt sich durch die Schaffung geeigneter Rahmenbedingungen und Verhaltensweisen. Da relationale Governancemechanismen den Partnern einen Wert stiften und die Unsicherheit reduzieren, wirken sie selbstverstärkend.[97]

4.3.2 Auswirkungen relationaler Governance auf Zuliefererkooperationen

Bauen die Partner starke soziale Bindungen auf und etablieren Vertrauen untereinander, kann der Opportunismus zwischen den Partnern abgebaut oder sogar verhindert werden.[98] Dyer (1997) zeigt am Beispiel von *Toyota* die deutliche Dominanz relationaler Governancemechanismen in strategischen Partnerschaften auf. Des Weiteren nehmen relationale Governancemechanismen eine koordinierende Funktion ein. Werden durch Sozialisationsprozesse relationale Normen und Verhaltensmaximen aufgebaut, führt dies zu einer Abstimmung von Prozessen und ermöglicht eine Koordination der Ressourcen ohne externe Kontrolle.[99]

Die dargestellten relationalen Governancemechanismen sind primär geeignet, um relationale Renten im Sinne gemeinsamer Wettbewerbsvorteile zu generieren. Relationale Renten beschreiben „(. . .) a supernormal profit jointly generated in an exchange relationship that cannot be generated by either firm in isolation and can only be created through the joint idiosyncratic contributions of the specific alliance partners"[100]. Da hierfür neben der Senkung von Transaktionskosten in erster Linie die gemeinsame Wertgenerierung zwischen den Partnern bedeutsam ist, sind Governancemechanismen so zu gestalten, dass sie neben der Risikominimierung einen Anreiz bieten, um in die Beziehung zu investieren.[101] Aus diesem Grund werden in erster Linie relationale Governancemechanismen für das Management effektivitätsorientierter Zuliefererkooperationen wie z. B. für gemeinsame Innovationsprojekte vorgeschlagen.

Die wesentliche Funktion der Governance in wertgenerierenden Partnerschaften liegt in der Schaffung von Anreizen zum Aufbau beziehungsspezifischer Ressourcen und zur Einbringung der Kompetenzen und des Wissens aller Partner. Aufwände (implizites Wissen, strategische Ressourcen), Ziele (Innovativität, Komplexität) und Ergebnisse (ökonomischer und technischer Erfolg) gemeinsamer

---

[97] Vgl. Dyer (1996).

[98] Vgl. Zaheer und Venkatraman (1995).

[99] Vgl. Dwyer et al. (1987).

[100] Dyer und Singh (1998, S. 662).

[101] Vgl. Dyer und Singh (1998).

Entwicklungs- und Innovationsaktivitäten können aufgrund der naturgemäßen Unsicherheit des Ergebnisses nur unvollständig in formalen Vorgaben spezifiziert werden. Vor allem Innovationen können nicht über Transaktionen bezogen werden, sondern bedürfen einer inhaltlichen Zusammenarbeit, um gemeinsam entwickelt zu werden.[102] Daher müssen die involvierten Partner eine intrinsische Bereitschaft zur Erfüllung gemeinsamer Ziele aufbringen. Damit Unternehmen diese Bereitschaft zur Einbringung komplementärer strategischer Ressourcen zeigen, müssen sie sich darauf verlassen können, dass der Kooperationspartner nicht versucht, diese zu kopieren. Zudem müssen alle Akteure darauf vertrauen können, dass die Verteilung der realisierten Renten gerecht vonstattengeht.[103]

Relationale Mechanismen sind ein geeignetes Mittel, um Unternehmen zum Einsatz und Aufbau beziehungsspezifischer Ressourcen zu motivieren. Diese Bereitschaft resultiert in erster Linie in einer erwarteten Verbesserung des eigenen Geschäftserfolgs. Da jedoch eine Auflösung der Kooperation dazu führen würde, dass spezifische Ressourcen ihren Wert verlieren, müssen sich die Partner darauf verlassen können, dass die Zusammenarbeit längerfristig besteht und somit eine Amortisation ihrer Investitionen gewährleistet ist.[104] Insbesondere in strategischen Partnerschaften ist eine formale Fixierung der Dauer aufgrund der mangelnden Planbarkeit in der Regel nicht möglich, deshalb müssen die Partner auf die Langfristigkeit der Zusammenarbeit vertrauen können. Da relationale Governancemechanismen den involvierten Akteuren einen eigenen Nutzen stiften, führen diese zu Commitment[105] sowie der langfristigen Orientierung.[106]

Relationale Governancemechanismen fördern zudem den Wissenstransfer innerhalb der Zusammenarbeit. Wissenszuwächse basieren nachweislich nicht nur auf einer direkten Übermittlung, sondern sind auch Ergebnis wechselseitiger Erfahrungen und impliziten Lernens im Zeitverlauf.[107] Das entstehende interaktionsbezogene Wissen schafft ein besseres Verständnis der Partner untereinander und stellt die Grundlage einer gemeinsamen strategischen Wissensnutzung dar.[108] Da Partner im Zuge wiederholter Interaktion zusätzlich Verhaltensnormen etablieren, werden die Übermittlung von Wissen erleichtert und kognitive Barrieren

---

[102] Vgl. Hoetker (2005).

[103] Vgl. Dyer et al. (2008).

[104] Vgl. Poppo et al. (2008).

[105] Vgl. Morgan und Hunt (1994).

[106] Vgl. Ganesan (1994).

[107] Vgl. Ellegaard (2008).

[108] Vgl. Dyer und Singh (1998).

abgebaut. Gleichzeitig reduziert das wechselseitige Vertrauen die Gefahr, dass übertragenes Wissen von dem Partner opportunistisch (z. B. in der Zusammenarbeit mit Wettbewerbern) genutzt wird.[109] In intensiven, vertrauensbasierten Kooperationen können Unternehmen zudem sogenannte Wissenstransferroutinen etablieren, die einen koordinierten und rechtzeitigen Wissensaustausch ermöglichen.[110]

Insgesamt lässt sich aus den Ansätzen der relationalen Sichtweise die erhebliche Bedeutung relationaler Governance für die strategische Kooperation ableiten. Da die Generierung relationaler Renten aufgrund ihrer spezifischen Natur gewöhnlich nicht in formalen Regeln kodifizierbar ist, bedarf es relationaler Anreize. Damit die Aussicht auf eigene Profite eine Bereitschaft zur Zusammenarbeit auslöst, muss das Vertrauen in den Partner groß genug sein. Zudem bringt auch die relationale Governance einen sozialisierenden Effekt mit sich. Aufgrund des wechselseitigen Lernens und der Identifikation der Akteure mit der gemeinsamen Aufgabe etablieren sich implizite Verhaltensnormen in der Beziehung, die eine koordinierte Zusammenarbeit fördern.

---

[109] Vgl. Gilsing und Duysters (2008).

[110] Vgl. Dyer und Hatch (2006); Dyer und Nobeoka (2000).

Kernergebnisse und Ausblick

Die komprimierten theoretisch-konzeptionellen Darstellungen in diesem Beitrag beleuchten drei wesentliche Felder: Formen interorganisationaler Zusammenarbeit, Zielsetzungen und Governancemechanismen. Zunächst wurden verschiedene Formen interorganisationaler Zusammenarbeit charakterisiert und von Zuliefererkooperationen abgegrenzt. Diese spezifische Form der Zusammenarbeit wurde nachfolgend bezüglich wesentlicher Zielsetzungen und Governancemechanismen beleuchtet. Es konnte gezeigt werden, dass im Wesentlichen Effizienzziele und Effektivitätsziele realisiert werden können. Da in Kooperationen jedoch Dysfunktionalitäten wie Opportunismus oder mangelnde Koordination gemeinsamer Aktivitäten auftreten können, werden Governancemechanismen erforderlich. Transaktionale Governancemechanismen ermöglichen auf der Basis vertraglicher Spezifikationen und formaler Vorgaben die Effizienz im Vorfeld definierbarer Prozesse und Ergebnisse. Relationale Mechanismen wie Vertrauen geben den Partnern Sicherheit über das Fortbestehen der Zusammenarbeit und die Zuverlässigkeit der Partners, legitimieren den Aufbau beziehungsspezifischer Ressourcen sowie den Austausch von Wissen. Daher sind diese für die Generierung relationaler Renten in effektivitätsorientierten Kooperationen tendenziell geeignet. Tabelle 5.1 fasst die zentralen Überlegungen zusammen.

Die Ausführungen geben somit einen guten Überblick über das Forschungsfeld sowie Gestaltungsoptionen der Zuliefererkooperation. Zwei wesentliche Punkte bleiben an dieser Stelle jedoch unbeleuchtet:[1]

1. Das Zusammenspiel von Governance und Zielsetzung der Kooperation wird von Kontextfaktoren der Zusammenarbeit beeinflusst. Beispielsweise beeinflusst

---

[1] Vgl. Clauß (2013).

T. Clauß, *Zuliefererkooperationen*, essentials,
DOI 10.1007/978-3-658-06112-8_5, © Springer Fachmedien Wiesbaden 2014

Tab. 5.1 Tabellarische Zusammenfassung der Kernbefunde

Mechanismen		Theoretisches Fundament	Konsequenz
Transaktionale Governancemechanismen	Verträge	Transaktionskostentheorie	Fördert primär Effizienzziele
	Vorgaben	Absicherung ex ante definierbarer Prozesse	Wertsteigerung
	Berichtssysteme	Hohe Kontrolle	Neuproduktentwicklung
	Abhängigkeit	–	Kreativität, Lernen
	–	–	Innovationsgenerierung
Relationale Governancemechanismen	Vertrauen	Relationale Sichtweise	Fördert primär Effektivitätsziele
	Reziprozität	Generierung relationaler Renten durch Wissenstransfer und Aufbau beziehungsspezifischer Ressourcen	Kostendegression
	Soziale Bindungen	Selbstverstärkende Effekte über die Zeit	Kapazitätsausweitung
	Relationale Normen	Gute Koordination bei Zielunklarheit	Effiziente Lieferung
	–	–	Zeit, Kosten, Qualität
	–	–	Preise, Volumen und Kosten

die Beziehung zwischen den Akteuren, gleichzeitig die Wirksamkeit einzelner Governancemechanismen. So sollte zur effizienten Umsetzung transaktionaler Governance eine gewisse Macht des Abnehmers vorliegen, die vertragliche Spezifikationen erst ermöglicht. Auch relationale Governancemechanismen benötigen gewisse Grundlagen, um erfolgreich umgesetzt zu werden. Ist eine Beziehung von Misstrauen und Opportunismus geprägt, ist der Aufbau relationaler Governancemechanismen für den Abnehmer sehr risikoreich.

2. Transaktionale und relationale Governancemechanismen treten in der Regel nicht losgelöst voneinander auf, sondern liegen in unterschiedlichem Ausmaß simultan vor. Aus diesem Grund widmen sich weitere Untersuchungen den

Interaktionseffekten alternativer Governancemechanismen und den Effekten pluraler Governancestrategien.[2]

Obwohl nicht Bestandteil dieses komprimierten Überblicks, zeigen diese und weitere Punkte die mögliche Komplexität des beschriebenen Forschungsfeldes auf und bieten wertvolle Anknüpfungspunkte für weitere Forschung.

---

[2] Vgl. z. B. Das und Teng (1998); Mesquita und Brush (2008); Mellewigt et al. (2007); Poppo und Zenger (2002).

Literatur

Achrol, R. S. (1997). Changes in the theory of interorganizational relations in marketing: Toward a network paradigm. *Journal of the Academy of Marketing Science, 25*(1), 56–71.

Anderson, E., & Jap, S. (2005). The dark side of close relationships. *MIT Sloan Management Review, 46*(3), 74–82.

Anderson, S. W., & Dekker, H. C. (2005). Management control for market transactions: The relation between transaction characteristics, incomplete contract design, and subsequent performance. *Management Science, 51*(12), 1734–1752.

Balling, R. (1998). *Kooperation: Strategische Allianzen, Netzwerke, Joint Ventures und andere Organisationsformen zwischenbetrieblicher Zusammenarbeit in Theorie und Praxis.* Frankfurt a. M.: Lang.

Beamon, B. M. (1999). Measuring supply chain performance. *International Journal of Operations & Production Management, 19*(3), 275–292.

Blocker, C. P., Houston, M. B., & Flint, D. J. (2012). Unpacking what a 'relationship' means to commercial buyers: How the relationship metaphor creates tension and obscures experience. *Journal of Consumer Research, 38*(5), 886–908.

Bosch-Sijtsema, P. M., & Postma, T. J. B. M. (2009). Cooperative innovation projects: Capabilities and governance mechanisms. *Journal of Product Innovation Management, 26*(1), 58–70.

Bouncken, R. B. (2009). Dancing with up-stream directives in the supply chain: Suppliers' innovation performance. *International Journal of Business Research, 9*(5), 1–12.

Bouncken, R. B. (2011). Supply chain contingencies: The effects of up-stream directives on supplier's innovation performance. *Emj-Engineering Management Journal, 23*(4), 36–46.

Bradach, J. L., & Eccles, R. G. (1989). Price, authority, and trust: From ideal types to plural forms. *Annual Review of Sociology, 15*, 97–118.

Braßler, A., & Grau, C. (2005). Modulare Organisationseinheiten: Eine interorganisationale Betrachtung, Teil 2. *Wirtschaftswissenschaftliches Studium, 5*, 242–250.

Brown, J. R., Grzeskowiak, S., & Dev, C. S. (2009). Using influence strategies to reduce marketing channel opportunism: The moderating effect of relational norms. *Marketing Letters, 20*(2), 139–154.

Cäker, M. (2008). Intertwined coordination mechanisms in interorganizational relationships with dominated suppliers. *Management Accounting Research, 19*(3), 231–251.

T. Clauß, *Zuliefererkooperationen*, essentials,
DOI 10.1007/978-3-658-06112-8, © Springer Fachmedien Wiesbaden 2014

Cannon, J. P., & Perreault, W. D. Jr. (1999). Buyer-seller relationships in business markets. *Journal of Marketing Research, 36*(4), 439–460.

Cheng, J. L. C. (1984). Organizational coordination, uncertainty, and performance—An integrative study. *Human Relations, 37*(10), 829–851.

Christopher, M. (1998). *Logistics and supply chain management.* Harlow: Financial Times.

Clauß, T. (2012). The influence of the type of relationship on the generation of innovations in buyer-supplier collaborations. *Creativity and Innovation Management, 21*(4), 388–411.

Clauß, T. (2013). *Strategische Zusammenarbeit mit Zulieferern: Empirische Befunde zur Governance im Kontext von Zielsetzung und Beziehung.* Wiesbaden: Springer.

Croom, S., Romano, P., & Giannakis, M. (2000). Supply chain management: An analytical framework for critical literature review. *European Journal of Purchasing & Supply Management, 6*(1), 67–83.

Das, T. K., & Teng, B.-S. (1998). Between trust and control: Developing confidence in partner cooperation in alliances. *The Academy of Management Review, 23*(3), 491–512.

Das, T. K., & Teng, B. S. (2001). Trust, control, and risk in strategic alliances: An integrated framework. *Organization Studies, 22*(2), 251–283.

Dekker, H. C. (2004). Control of inter-organizational relationships: Evidence on appropriation concerns and coordination requirements. *Accounting, Organizations and Society, 29*(1), 27–49.

Dietl, H., Royer, S., & Stratmann, U. (2009). Wertschöpfungsorganisation und Differenzierungsdilemma in der Automobilindustrie. *Schmalenbachs Zeitschrift für betriebswirtschaftliche Forschung, 4,* 439–462.

Dillenbourg, P., Baker, M., Blaye, A., & O'Malley, C. (1995). The evolution of research on collaborative learning. In P. Reimann & E. Spada (Hrsg.), *Learning in humans and machines. Towards an interdisciplinary learning science* (S. 189–211). London: Pergamon.

Dwyer, F. R., Schurr, P. H., & Oh, S. (1987). Developing buyer-supplier relationships. *Journal of Marketing, 51*(2), 11–27.

Dyer, J. H. (1996). Does governance matter? Keiretsu alliances and asset specificity as sources of Japanese competitive advantage. *Organization Science, 7*(6), 649–666.

Dyer, J. H. (1997). Effective interfirm collaboration: How firms minimize transaction costs and maximize transaction value. *Strategic Management Journal, 18*(7), 535–556.

Dyer, J. H., & Hatch, N. W. (2006). Relation-specific capabilities and barriers to knowledge transfers: Creating advantage through network relationships. *Strategic Management Journal, 27,* 701–719.

Dyer, J. H., & Nobeoka, K. (2000). Creating and managing a high-performance knowledge-sharing network: The Toyota case. *Strategic Management Journal, 21*(3), 345–367.

Dyer, J. H., & Singh, H. (1998). The relational view: Cooperative strategy and sources of interorganizational competitive advantage. *Academy of Management Review, 23*(4), 660–679.

Dyer, J. H., Singh, H., & Kale, P. (2008). Splitting the pie: Rent distribution in alliances and networks. *Managerial & Decision Economics, 29*(2/3), 137–148.

Eckhard, B., Mellewigt, T., & Weller, I. (2009). Vertragsgestaltung in der Automobilindustrie: Transaktionsmerkmale, Erfahrungslernen und Wissensmanagement. *Schmalenbachs Zeitschrift für betriebswirtschaftliche Forschung, 61,* 499–530.

Ellegaard, C. (2008). Supply risk management in a small company perspective. *Supply Chain Management – an International Journal, 13*(6), 425–434.

Ganesan, S. (1994). Determinants of long-term orientation in buyer-seller relationships. *The Journal of Marketing, 58*(2), 1–19.

Gilsing, V. A., & Duysters, G. M. (2008). Understanding novelty creation in exploration networks - Structural and relational embeddedness jointly considered. *Technovation, 28*(10), 693–708.

Gouldner, A. W. (1960). The norm of reciprocity: A preliminary statement. *American Sociological Review, 25*(2), 161–178.

Granovetter, M. (1973). The strength of weak ties. *American Journal of Sociology, 78*(6), 1360–1380.

Grant, R. M., & Baden-Fuller, C. (2004). A knowledge accessing theory of strategic alliances. *Journal of Management Studies, 41*(1), 61–84.

Groves, G., & Valsamakis, V. (1998). Supplier-customer relationships and company performance. *The International Journal of Logistics Management, 9*(2), 51–64.

Gulati, R. (1998). Alliances and networks. *Strategic Management Journal, 19*(4), 293–317.

Gulati, R. (1995). Does familiarity breed trust? The implications of repeated ties for contractual choice in alliances. *Academy of Management Journal, 38*(1), 85–112.

Gunasekaran, A., Patel, C., & Tirtiroglu, E. (2001). Performance measures and metrics in a supply chain environment. *International Journal of Operations & Production Management, 21*(1/2), 71–87.

Gundlach, G. T., Achrol, R. S., & Mentzer, J. T. (1995). The structure of commitment in exchange. *Journal of Marketing, 59*(1), 78–92.

Handfield, R. B., Ragatz, G. L., Petersen, K. J., & Monczka, R. M. (1999). Involving suppliers in new product development. *California Management Review, 42*(1), 59–82.

Harland, C. M. (1996). Supply chain management: Relationships, chains and networks. *British Journal of Management, 7*(1), S63–S80.

Heide, J. B. (1994). Interorganizational governance in marketing channels. *Journal of Marketing, 58*(1), 71–85.

Heide, J. B., & John, G. (1992). Do norms matter in marketing relationships? *The Journal of Marketing, 56*(2), 32–44.

Hoegl, M., & Wagner, S. M. (2005). Buyer-supplier collaboration in product development projects. *Journal of Management, 31*(4), 530–548.

Hoetker, G. (2005). How much you know versus how well I know you: Selecting a supplier for a technically innovative component. *Strategic Management Journal, 26*(1), 75–96.

Hoetker, G., & Mellewigt, T. (2009). Choice and performance of governance mechanisms: Matching alliance governance to asset type. *Strategic Management Journal, 30*(10), 1025–1044.

Hult, G. T. M., Ketchen, D. J., & Arrfelt, M. (2007). Strategic supply chain management: Improving performance through a culture of competitiveness and knowledge development. *Strategic Management Journal, 28*(10), 1035–1052.

Hult, G. T. M., Ketchen, D. J. Jr., & Nichols, E. L. Jr. (2002). An examination of cultural competitiveness and order fulfillment cycle time within supply chains. *The Academy of Management Journal, 45*(3), 577–586.

Humphrey, J. (2000). Trust and transformation of supplier relations in Indian industry. In C. Lane & R. Bachmann (Hrsg.), *Trust within and between organizations – conceptual issues and empirical applications* (S. 214–240). New York: Oxford University Press.

Ireland, R. D., Hitt, M. A., & Vaidyanath, D. (2002). Alliance management as a source of competitive advantage. *Journal of Management, 28*(3), 413–446.

Ireland, R. D., & Webb, J. W. (2007). A multi-theoretic perspective on trust and power in strategic supply chains. *Journal of Operations Management, 25*(2), 482–497.

Ivens, B. S. (2004). How relevant are different forms of relational behavior? An empirical test based on Macneil's exchange framework. *Journal of Business & Industrial Marketing, 19*(5), 300–309.

Johnston, D. A., McCutcheon, D. M., Stuart, F. I., & Kerwood, H. (2004). Effects of supplier trust on performance of cooperative supplier relationships. *Journal of Operations Management, 22*(5), 525–525.

Kaufman, A., Wood, C. H., & Theyel, G. (2000). Collaboration and technology linkages: A strategic supplier typology. *Strategic Management Journal, 21*(6), 649–663.

Lambert, D. M., Emmelhainz, M. A., & Gardner, J. T. (1996). Developing and implementing supply chain partnerships. *The International Journal of Logistics Management, 7*(2), 1–17.

Langenfield-Smith, K. (2008). The relations between transactional characteristics, trust and risk in the start-up phase of a collaborative alliance. *Management Accounting Research, 19*, 344–364.

Li, Y., Xie, E., Teo, H.-H., & Peng, M. W. (2010). Formal control and social control in domestic and international buyer-supplier relationships. *Journal of Operations Management, 28*(4), 333–344.

Liu, Y., Luo, Y., & Liu, T. (2009). Governing buyer-supplier relationships through transactional and relational mechanisms: Evidence from China. *Journal of Operations Management, 27*(4), 294–309.

Lui, S. S., & Ngo, H.-Y. (2004). The role of trust and contractual safeguards on cooperation in non-equity alliances. *Journal of Management, 30*(4), 471–485.

Lumineau, F., & Malhotra, D. (2011). Shadow of the contract: How contract structure shapes interfirm dispute resolution. *Strategic Management Journal, 32*(5), 532–555.

Magnus, K.-H., Nienaber, A.-M., Schewe, G., & Thonemann, U. (2008). Eine Überdosis an Kooperation vermeiden! Empirische Erkenntnisse zum Erfolg der Supply-Chain-Organisation. *Schmalenbachs Zeitschrift für betriebswirtschaftliche Forschung, 60*, 241–276.

Matopoulos, A., Vlachopoulou, M., Manthou, V., & Manos, B. (2007). A conceptual framework for supply chain collaboration: Empirical evidence from the agri-food industry. *Supply Chain Management, 12*(3), 177–186.

Mayer, K. J., & Argyres, N. S. (2004). Learning to contract: Evidence from the personal computer industry. *Organization Science, 15*(4), 394–410.

Mayer, K. J., & Teece, D. J. (2008). Unpacking strategic alliances: The structure and purpose of alliance versus supplier relationships. *Journal of Economic Behavior & Organization, 66*(1), 106–127.

Mellewigt, T., Madhok, A., & Weibel, A. (2007). Trust and formal contracts in interorganizational relationships—substitutes and complements. *Managerial and Decision Economics,28*(8), 833–847.

Mesquita, L. F., & Brush, T. H. (2008). Untangling safeguard and production coordination effects in long-term buyer-supplier relationships. *Academy of Management Journal, 51*(4), 785–807.

Möller, K. E. K., & Törrönen, P. (2003). Business suppliers' value creation potential: A capability-based analysis. *Industrial Marketing Management, 32*(2), 109–118.

Morgan, R. M., & Hunt, S. D. (1994). The commitment-trust theory of relationship marketing. *The Journal of Marketing, 58*(3), 20–38.

Noordewier, T. G., John, G., & Nevin, J. R. (1990). Performance outcomes of purchasing arrangements in industrial buyer-vendor relationships. *The Journal of Marketing, 54*(4), 80–93.

Ouchi, W. G. (1979). Conceptual framework for the design of organizational control mechanisms. *Management Science, 25*(9), 833–848.

Palay, T. (1984). Comparative institutional economics: The governance of rail freight contracting. *Journal of Legal Studies, 13*(June), 265–288.

Park, S. H., & Ungson, G. R. (2001). Interfirm rivalry and managerial complexity: A conceptual framework of alliance failure. *Organization Science, 12*(1), 37–53.

Pfaffmann, E. (2001). *Kompetenzbasiertes Management in der Produktentwicklung: Make-or-buy-Entscheidungen und Integration von Zulieferern.* Wiesbaden: DUV.

Poppo, L., & Zenger, T. (2002). Do formal contracts and relational governance function as substitutes or complements? *Strategic Management Journal, 23*(8), 707–725.

Poppo, L., Zhou, K., & Rhu, S. (2008). Alternative origins to interorganizational trust: An interdependence perspective on the shadow of the past and the shadow of the future. *Organization Science, 19*(1), 39–55.

Price, L. L., & Arnould, E. J. (1999). Commercial friendships: Service provider-client relationships in context. *Journal of Marketing, 63*(4), 38–56.

Puranam, P., & Vanneste, B. S. (2009). Trust and governance: Untangling a tangled web. *Academy of Management Review, 34*(1), 11–31.

Ravald, A., & Grönroos, C. (1996). The value concept and relationship marketing. *European Journal of Marketing, 30*(2), 19–30.

Rindfleisch, A., & Moorman, C. (2001). The acquisition and utilization of information in new product alliances: A strength-of-ties perspective. *Journal of Marketing, 65*(2), 1–18.

Ring, P. S., & van de Ven, A. H. (1992). Structuring cooperative relationships between organizations. *Strategic Management Journal, 13*(7), 483–498.

Rotering, C. (1990). *Forschungs- und Entwicklungskooperationen zwischen Unternehmen - Eine empirische Analyse.* Stuttgart: Schäffer-Poeschel.

Rousseau, D. M., Sitkin, S. B., Burt, R. S., & Camerer, C. (1998). Not so different after all: A cross-discipline view of trust. *Academy of Management Review, 23*(3), 393–404.

Rupprecht-Däullary, M. (1994). *Zwischenbetriebliche Kooperation: Möglichkeiten und Grenzen durch neue Informations- und Kommunikationstechnologien.* Wiesbaden: Deutscher Universitäts-Verlag.

Schreiner, M., Kale, P., & Corsten, D. (2009). What is alliance management capability and how does it impact alliance outcomes and success? *Strategic Management Journal, 30*(13), 1395–1419.

Sobrero, M., & Roberts, E. B. (2002). Strategic management of supplier-manufacturer relations in new product development. *Research Policy, 31*(1), 159–182.

Spekman, R. E., Kamauff, J. W. J., & Myhr, N. (1998). An empirical investigation into supply chain management a perspective on partnerships. *International Journal of Physical Distribution & Logistics Management, 28*(8), 630–650.

Sydow, J. (1992). *Strategische Netzwerke: Evolution und Organisation.* Wiesbaden: Gabler.

Tan, K. C., Lyman, S. B., & Wisner, J. D. (2002). Supply chain management: A strategic perspective. *International Journal of Operations & Production Management, 22*(5-6), 614–631.

Tangpong, C., Hung, K.-T., & Ro, Y. K. (2010). The interaction effect of relational norms and agent cooperativeness on opportunism in buyer-supplier relationships. *Journal of Operations Management, 28*(5), 398–414.

Tangpong, C., Michalisin, M. D., & Melcher, A. J. (2008). Toward a typology of buyer-supplier relationships: A study of the computer industry. *Decision Sciences, 39*(3), 571–593.

Uzzi, B. (1997). Social structure and competition in interfirm networks: The paradox of embeddedness. *Administrative Science Quarterly, 42*(1), 35–67.

Völker, R., & Neu, J. (2008). *Supply Chain Collaboration: Kollaborative Logistikkonzepte für Third- und Fourth-Tier-Zulieferer*. Heidelberg: Physica-Verlag.

Wagner, S. M., & Hoegl, M. (2006). Involving suppliers in product development: Insights from R & D directors and project managers. *Industrial Marketing Management, 35*(8), 936–943.

Walter, S. G., Müller, D., & Walter, A. (2010). Dysfunktionen in F & E-Kooperationen: Präventivmaßnahmen und Kooperationserfolg. *Schmalenbachs Zeitschrift für betriebswirtschaftliche Forschung, 62*, 134–159.

Williamson, O. E. (1975). *Markets and hierarchies, analysis and antitrust implications: A study in the economics of internal organization*. New York: The Free Press.

Williamson, O. E. (1999). Strategy research: Governance and competence perspectives. *Strategic Management Journal, 20*(12), 1087–1108.

Wilson, D. (1995). An integrated model of buyer-seller relationships. *Journal of the Academy of Marketing Science, 23*(4), 335–345.

Yeung, J. H. Y., Selen, W., Zhang, M., & Huo, B. (2009). The effects of trust and coercive power on supplier integration. *International Journal of Production Economics, 120*(1), 66–78.

Zaheer, A., & Venkatraman, N. (1995). Relational governance as an interorganizational strategy: An empirical test of the role of trust in economic exchange. *Strategic Management Journal, 16*(5), 373–392.